Carl-Auer

Systemische Pädagogik

Was treibt Menschen zum Lernen an? Was hält sie davon ab? Wie kann eine funktionierende Lehrer-Schüler-Eltern-Beziehung entstehen? Wie gelingen Erziehung und Bildung? Was sind Kompetenzen und wie lässt sich deren Reifung unterstützen? Wie fördert man Persönlichkeiten?

Diese und ähnliche Fragen stehen im Mittelpunkt der Systemischen Pädagogik. Das Ziel ist ein von wechselseitigem Respekt geprägter Umgang von Schülern, Lehrern, Erziehern und Eltern. Gemeinsames Lernen mit Zuversicht und Spaß, der Blick auf die Potenziale und Fähigkeiten – zwei Grundannahmen der Systemischen Pädagogik. Gleichzeitig ist sich die Systemische Pädagogik der Tatsache bewusst, dass Menschen lernfähig, aber unbelehrbar sind. Welche Konsequenzen sich daraus für gelingende Lern- und Bildungsprozesse für Lehrende bzw. Lernbegleiter ergeben, ist eine wichtige Zukunftsfrage der Systemischen Pädagogik.

Der Ansatz der Systemischen Pädagogik verbindet systemtheoretische Erkenntnisse, Sicht- und Handlungsweisen mit dem Forschungsstand und den Erkenntnissen der Erziehungswissenschaften und macht sie für den pädagogischen Alltag nutzbar. Auch im familiären Erziehungsalltag lässt sich systemisches Denken und Handeln gut nutzen, ohne Kinder zu disziplinieren oder ihnen mit Anpassungsforderungen zu begegnen. Selbstkritische und selbststeuerungsfähige Menschen benötigen sehr spezifische Möglichkeiten der Reifung und Auseinandersetzung beim Aufwachsen. Welche das sind und wie das gehen kann, zeigen anerkannte Therapeuten, Pädagogen und Berater in den Büchern dieser Reihe.

Prof. Dr. Rolf Arnold
Herausgeber der Reihe *Systemische Pädagogik*

Heidi Ehrensperger
Peter Stierli

Keine Panik vor Dynamik!

Gruppendynamische Kompetenz für den pädagogischen Alltag

2020

Themenreihe »Systemische Pädagogik«
hrsg. von Rolf Arnold
Reihengestaltung: Uwe Göbel
Umschlagfoto: © Stefanie Göbel
Satz: Drißner-Design u. DTP, Meßstetten
Printed in Germany
Druck und Bindung: CPI books GmbH, Leck

MIX
Papier aus verantwortungsvollen Quellen
FSC www.fsc.org
FSC® C083411

CPI klimaneutral
Mehr Bäume. Weniger CO_2

Erste Auflage, 2020
ISBN 978-3-8497-0352-3 (Printausgabe)
ISBN 978-3-8497-8244-3 (ePUB)

Bibliografische Information der Deutschen Nationalbibliothek:
Die Deutsche Nationalbibliothek verzeichnet diese Publikation in der Deutschen Nationalbibliografie; detaillierte bibliografische Daten sind im Internet über http://dnb.d-nb.de abrufbar.

Informationen zu unserem gesamten Programm, unseren Autoren und zum Verlag finden Sie unter: **https://www.carl-auer.de/**
Wenn Sie Interesse an unseren monatlichen Nachrichten haben, können Sie dort auch den Newsletter abonnieren.

Carl-Auer Verlag GmbH
Vangerowstraße 14 • 69115 Heidelberg
Tel. +49 6221 6438-0 • Fax +49 6221 6438-22
info@carl-auer.de

Inhalt

Warum dieses Buch? 8
Ziele dieses Buches 9
Aufbau 9

Grundlagen 11

Was ist Gruppendynamik? 12
Gruppendynamische Kompetenz 12
Was ist eine Gruppe? 13
Die Schulklasse als spezielle Gruppe 13
Unterschied von Gruppe und Team 14
Das Eisbergmodell 15
Interventionen 17
Hypothesen bilden 18
Unterschiedliche Interventionsmöglichkeiten planen 18
Das Schichtenmodell 21
Der Faktor Zeit 22

Gruppendynamik im Schulalltag 25

1 Konflikt in der Klasse 26
Der gruppendynamische Raum und Außenseiterphänomene 27
Zugehörigkeit 27
Macht/Einfluss 27
Intimität 28

2 Elternabend 32
Rangdynamisches Rollenmodell 32
Rangdynamisches Rollenmodell nach Raoul Schindler 33

3 Dicke Luft im Teamzimmer 38
Konflikt und Widerstand 38

4 **Ein neuer Schüler kommt** **44**
Entwicklungsphasen in Gruppen 45
Gruppenphasen 45
Integrations- und Differenzierungsmodell 46
Gruppenmitglieder kommen neu dazu oder verlassen die Gruppe 47

5 **Sparen oder Fördern** **51**
Rolle und Normen 52
Rolle und Funktion 52
Normen 53

6 **Rauchen auf dem Schulareal** **57**
Status, Normen und Subgruppen 57

7 **Der Systemsprenger** **61**
Wahrnehmung und systemische Betrachtungsweise 62

8 **Die nächste Schulreform steht an** **69**
Umgang mit Heterogenität, illustriert am Riemann-Thomann-Modell 70

9 **Wer kommt am besten an?** **75**
Konkurrenz und Rollen 75

10 **Intervision im Team** **78**
Status, Normen, Vermutungen 78

11 **Gruppendynamik digital** **82**
Aspekte der digitalen Kommunikation 82
Eine systemisch-gruppendynamische Betrachtungsweise 84
Betrachtungsebene 84
Die Beteiligten 84
Der Verlauf 85
Offizielle und inoffizielle Normen 85

Schlussbouquet – ein Strauß von abschließenden Gedanken **88**
Die Liebe zur Aufgabe und zu den Menschen 88

Fragen als Grundlage für das Handeln 88
Austausch anstelle von Einzelgängertum 89
Den Ursachen auf den Grund gehen – nicht den Symptomen 89
Das eigene Handeln als Vorbild 90
Sich dem Positiven zuwenden 90

Anhang **91**

Zur Psychologie einer Gruppe 92
Soziometrische Tableaus konkret 99
Teamphasen – Fragebogen 101
Teamphasen – Auswertung 104
Gesprächsführung in der Schule – Elterngespräche 106
Kurzfristige Auszeiten – Konzept 111
Kurzfristige Auszeiten – Laufzettel 112
Längerfristige Auszeiten im Förderzentrum – Grundsätze und Regelungen 113
Längerfristige Auszeiten – Matrix 115
Längerfristige Auszeiten – Laufzettel 116
Modell nach Riemann-Thomann 118
Teamkultur zu Riemann-Thomann 119
Verschiedene Intervisionsmodelle in der Übersicht 120

Dank **124**

Literatur **125**
Weiterführende Literatur 127

Über die Autoren **128**

Warum dieses Buch?

Nach unserer Überzeugung gibt es kein größeres und wirksameres Mittel zu wechselseitiger Bildung als das Zusammenarbeiten.
Johann Wolfgang von Goethe

Mit der Gruppendynamik ist es wie mit dem Wetter – irgendeine Wetterlage herrscht immer. Genauso, wie draußen einmal Nebel und einmal Sonnenschein herrscht, so wirkt Gruppendynamik in unterschiedlichster Art – und zeigt sich überall. Auch wenn es gerade heftig stürmt, ist Panik nicht angesagt – irgendwann lichtet sich der Nebel, insbesondere wenn man sich genauer mit gruppendynamischen Phänomenen befasst. Es lohnt sich, auf den Gruppenprozess zu schauen, egal ob etwas schiefgelaufen ist oder ob man herauszufinden versucht, welche Aspekte zum guten Gelingen beigetragen haben.

Dieses Buch hilft Ihnen, den Einfluss der Gruppendynamik im Schulalltag zu verstehen. Wenn Sie gruppendynamische Modelle mit einbeziehen und das ganze beteiligte System berücksichtigen, führt das zu nachhaltigeren Lösungen.

Gruppendynamik ist ein immerwährendes und komplexes Thema, das über kurzfristige Trends hinausgeht und in das zu investieren sich lohnt. Sicher wissen Sie, dass sich Zeit und Sorgfalt, die Sie für Anfangssituationen verwenden, auszahlen, weil nachher weniger Sand im Getriebe ist. Die Dynamik in einer Klasse positiv gestalten zu können ist die Basis für glückende Klassenführung und ein förderliches Lernklima. Lernen gelingt in einem frostigen oder beklemmenden Klima nur selten und nur für wenige Schüler.[1] Deshalb sind Lehrpersonen nicht nur für die Vermittlung von Lernstoff zuständig, sondern auch dafür, dass sie gute soziale Bedingungen ermöglichen. Helmke (2017, S. 174) weist darauf hin,

> »dass kein anderes Merkmal so eindeutig und konsistent mit dem Leistungsniveau und dem Leistungsfortschritt von Schulklassen verknüpft ist wie die Klassenführung.«

1 In diesem Buch verwenden wir die männliche und weibliche Form abwechslungsweise. Es ist uns wichtig, dass alle sich angesprochen fühlen. Die angeführten Gegebenheiten sind nicht geschlechtsspezifisch zu verstehen.

Ebenso betont er den Zusammenhang von Lehrergesundheit und Klassenführung.

Nicht nur im Klassenzimmer, auch auf Schulsitzungen, in Fachgremien, bei Elterngesprächen und Elternabenden spielt die Gruppendynamik eine zentrale Rolle. Wie oft versteht man sich da falsch, kommt man nicht weiter in der Sache oder geraten die Teilnehmer aneinander?

Da ist es höchste Zeit, auch die Beziehungsebene anzuschauen: Was läuft da im Team ab? Darum wird es in diesem Buch gehen. Auch wenn sich die hier dargestellten Situationen auf den Schulalltag beziehen, sind nicht nur Lehrer und Schulleiter gemeint, sondern auch weitere in pädagogischen Berufen tätige Personen angesprochen.

Fazit: Ist das Gruppenklima freundlich und gibt es konstruktive Regeln für die Zusammenarbeit, sind die Leistungen aller Beteiligten besser. Ist die gruppendynamische Arbeit produktiv, hilft dies allen Beteiligten – in allen Prozessen.

Ziele dieses Buches

- Dieses Buch soll Sie dazu verlocken, die Klasse und das Schulumfeld unter sozialpsychologischer und gruppendynamischer Perspektive zu betrachten.
- Oberstes Ziel ist, den Blick auf die Gruppe und das ganze Umfeld zu schärfen und nicht nur auf einzelne Individuen oder einzelne Situationen zu schauen.
- Die angeführten Modelle und die theoretischen Erläuterungen sollen Ihnen Anregungen geben, Situationen anders zu verstehen als bisher und aus neuen Blickwinkeln zu beurteilen.
- Mit den gewonnenen Erkenntnissen kann das eigene Handlungsrepertoire erweitert werden.

Aufbau

Im ersten Teil des Buches, *Grundlagen,* werden gruppendynamische Aspekte vertieft und theoretische Modelle erläutert. Wer gerne erst in der Praxis mehr über Gruppendynamik erfahren möchte, kann diesen Teil auch später lesen. In den Kapiteln 1 bis 10 des zweiten Teils werden konkrete Themen aus dem Schulalltag anhand jeweils eines Fallbeispiels bearbeitet. Diese Kapitel sind wie folgt aufgebaut:

- Ereignis: Schilderung eines konkreten Beispiels aus dem Schulalltag
- Theoretischer Hintergrund: gruppendynamisches Modell und Theoriebezug[2]
- Hypothesen: Annahmen, Vermutungen rund um das konkrete Beispiel aus dem Schulalltag
- Interventionsmöglichkeiten.

Um die Gruppendynamik in der digitalen Welt geht es im Kapitel 11. Anhand einer Erscheinungsform zeigen wir, wie man die auftretenden Symptome systemisch betrachten und bearbeiten kann.

Die Fallbeispiele sind eine Zusammenstellung von Ereignissen, wie sie an Schulen immer wieder vorkommen. Auch wenn es gut möglich ist, dass Sie sich bei der Lektüre ins eigene Schulhaus versetzt fühlen – die Beispiele beziehen sich nicht auf eine konkret vorliegende Situation. Sie spiegeln in konzentrierter Form, was immer wieder stattfindet.

Bei jedem Kapitel oder Ereignis wird jeweils ein theoretischer Hintergrund oder ein Modell vorgestellt. Dies ist der besseren Lesbarkeit geschuldet. Im Alltag ist es jedoch zwingend, jede Situation aus verschiedenen Blickwinkeln zu betrachten.

Die Kombination einer konkreten Situation mit dem Beizug theoretischer Grundlagen ermöglicht unterschiedliche Betrachtungsweisen:

> »Theorien erklären die Geschehnisse aus der Sicht des außenstehenden Zuschauers. Geschichten hingegen eröffnen den Zugang zur Innenperspektive, dem Erleben der beteiligten Akteure« (Simon 2018, S. 7).

Jede Situation hat ihre Eigenheiten und muss individuell beurteilt werden. Deshalb sollen die Listen der angeführten Hypothesen nicht als abschließend und die Interventionsvorschläge nicht als allgemeingültige Rezepte verstanden werden; es gibt stets weitere Aspekte und konstruktive Interventionen. Oft muss man auch erst einmal etwas erfragen oder ausprobieren, um mehr Klarheit zu bekommen. Im Anhang finden Sie zusätzliche Hilfsmittel, die Sie im Schulalltag verwenden können. Nach einer kurzen Erläuterung gruppendynamischer Begriffe folgen Konzepte und Arbeitspapiere zu verschiedenen Themen, die in den Kap. 1–11 erwähnt werden.

---

2 Einige theoretische Bezüge sind für ein besseres Verständnis auch bei den Hypothesen oder den Interventionsmöglichkeiten platziert.

Grundlagen

Was ist Gruppendynamik?

Wenn mehrere Menschen zusammen sind, haben wir nicht einfach eine Ansammlung von Einzelwesen: Es entsteht etwas Neues, anderes, das ganz eigenen Gesetzen gehorcht.

Elmar Teutsch

Gruppendynamik meint die in jeder Gruppe ablaufenden Prozesse. Anders gesagt: Gruppendynamik ist das, was zwischen den Mitgliedern einer Gruppe geschieht. Und darauf kann und soll die Leitung einer Gruppe – hier: einer Klasse, eines Lehrerteams oder einer Kindertagesstätte – Einfluss nehmen, denn ein positives Gruppenklima entwickelt sich nicht von selbst.

Selbstverständlich spielen dabei die individuellen Befindlichkeiten, Bedürfnisse und Verhaltensweisen der Gruppenmitglieder eine gewichtige Rolle. Die Gruppendynamik trägt diesem Umstand Rechnung. Verschiedene Modelle helfen, eine Angelegenheit nicht nur von der eigenen Position her, sondern von außen zu betrachten und das ganze System rund um eine Begebenheit zu berücksichtigen. Eine Situation wird also nicht nur auf die entsprechende Handlung z. B. eines Kindes reduziert, sondern mit seinem ganzen Umfeld in Verbindung gebracht. Welche Rolle nimmt es in der Klasse ein, wie sieht die familiäre Situation aus, welche Beziehung besteht zwischen der Lehrperson und dem Kind? Ebenso wird das weitere Umfeld berücksichtigt: Wie sind die Strukturen in einer Schule oder Institution, wie verläuft die Zusammenarbeit im Schulhausteam, welche pädagogischen Grundsätze und welche Strukturen sind in einer Schule etabliert? Was ist formell festgelegt, und welche informellen Gesetze herrschen?

Gruppendynamische Kompetenz

Gruppendynamisch kompetente Pädagogen hinterfragen und schärfen ihre eigene Wahrnehmung für das Geschehen in Gruppen fortwährend, finden Worte für ihre Beobachtungen und können diese Beobachtungen in ihren Klassen oder im Schulhausteam adäquat ansprechen. Ebenso müssen sie nicht gleich eine Antwort zur Hand haben, sondern können verschiedene Vermutungen (Hypothesen) als Ursache für eine bestimmte Situation nebeneinander stehen lassen.

Gruppendynamische Kompetenz bedeutet, mit den Unterschieden, die es immer gibt, gut umgehen zu können. Heterogenität besteht in jeder Gruppe; homogene Gruppen sind auch in der Schule eine Illusion. Unterschiede sind eben Unterschiede und kein Ausdruck von Wertungen, auch wenn sie häufig dafür genommen werden. Sie stellen gleichzeitig Bereicherungs- wie auch Spaltungspotenzial dar. Je besser es gelingt, Unterschiede zu benennen und nebeneinander stehen zu lassen, desto größer ist die Chance, dass sie in der Klasse und im Teamzimmer bereichernd wirken.

Was ist eine Gruppe?

Damit man von einer Gruppe sprechen kann, braucht es folgende vier Merkmale:

- Gruppengröße: 3 bis ca. 25 Personen
- Gruppenziel: eine gemeinsame Aufgabe oder ein gemeinsames Ziel
- Dauer: Bestand über einen längeren Zeitraum. Dadurch entstehen unter anderem Engagement und Identifikation.
- Wechselseitige Beziehungen: die Möglichkeit der direkten Kommunikation. Eine »Gruppe« meint also eine Anzahl von miteinander in Beziehung stehenden Menschen.

Diese vier Elemente, die eine Gruppe kennzeichnen, beeinflussen sich wechselseitig. Eine Gruppe ist mehr als die Summe der Persönlichkeiten ihrer Mitglieder (Doppler u. Voigt, nach Antons, Ehrensperger u. Milesi 2019, S. 67).

Die Schulklasse als spezielle Gruppe

Somit können wir eine Schulklasse als Gruppe anschauen, die jedoch spezifische Eigenheiten aufweist:

- Eine Schulklasse ist eine recht große Kleingruppe.
- Eine Schulklasse ist eine zunächst aus organisatorischen Gründen gebildete Zwangsgruppe, die nach einiger Zeit zur Bezugsgruppe wird, d. h., es bilden sich Gefühlsbindungen (Ulich 2001, S. 51).
- Für die Mitglieder einer Klasse ist es wie in allen Gruppen ein Bedürfnis, es miteinander gut zu haben und die anstehenden

Aufgaben zu meistern; für das Individuum besteht der Wunsch, einen guten Platz in der Gemeinschaft zu haben.
- Gleichzeitig sind die Kinder als Einzelkämpfer unterwegs (Ulich 1977, S. 63). Sie stehen untereinander in Konkurrenz und sollen den Erwartungen vor allem der Eltern entsprechen und diesem Druck standhalten.
- Eine Schulklasse ist eine von außen gesteuerte Arbeitsgruppe mit Übergängen zur Freizeitgruppe (vgl. beispielsweise gemeinsame Freizeitaktivitäten der Kinder, Chatten im Netz).
- Eine Schulklasse hat einen formalen und von außen bestimmten Leiter mit einem Alters- und Wissensunterschied, mit Disziplinierungs- und Bewertungsfunktion und damit verbundenen Autoritäts- und Übertragungseffekten (Jahnke 1982, S. 216).
- Die Lehrperson ist also nicht Mitglied der Gruppe, sie ist Teil des Systems. Sie leidet und freut sich mit, hat aber klar andere Rollen und Funktionen als die Gruppenmitglieder.

Eine Schulklasse ist geprägt von der Gleichzeitigkeit von

- Lernen und der Schaffung der sozialen Bedingungen
- Konkurrenz und Kooperation
- Anpassung und Entfaltung.

In einer Schulklasse dominieren die Beziehungsmuster von

- Zusammenarbeit
- Helfen
- Vergleich, Wetteifer, Konkurrenz
- Suche nach Anerkennung, Abwertung.

Unterschied von Gruppe und Team

Gruppe ist der Oberbegriff, *Team* eine Sonderform davon. Verkürzt kann man sagen, dass Teams etwas produzieren und Gruppen miteinander lernen. Die gruppendynamischen Phänomene unterscheiden sich nicht grundsätzlich.

Das Eisbergmodell

Sichtbar die Spitze
Sechsmal mehr unter Wasser
Verborgene Kraft.
(Haiku, H. E.)

König und Schattenhofer (2015, S. 26 ff.) beschreiben das Eisbergmodell, wie man es sich für Gruppen vorstellen kann:

> »Im Alltag hat man oft den Eindruck, dass es in Gruppen um etwas anderes geht als das, was sichtbar und hörbar ist.«

Wenn wir das Geschehen in Schulklassen oder Lehrteams betrachten, können wir die Metapher des Eisbergs heranziehen, um zu verstehen, dass sechs Siebtel »unter der Wasseroberfläche« verborgen sind.

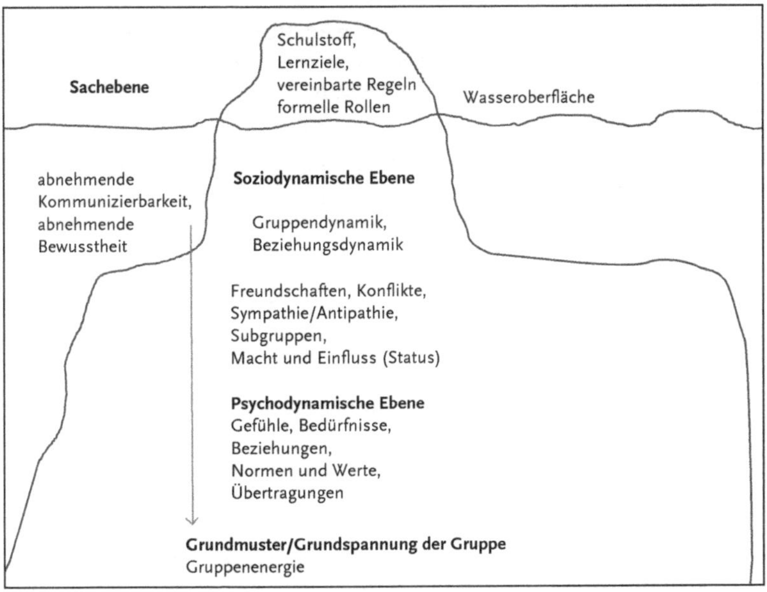

Abb. 1: Eisbergmodell (eigene Darstellung): In der Metapher des Eisbergs wird deutlich, dass sich unter der Wasseroberfläche ein Vielfaches des sichtbaren Volumens befindet, das ganz andere Themen enthält und die Sachebene beeinflusst

Das eine Siebtel, das aus dem Wasser ragt, zeigt die *Sachebene*, das Bewusste.

> »Darunter liegen mehrere Schichten ›latenten‹ Geschehens, das man – je weiter es von der Oberfläche entfernt ist – nur erahnen kann« (ebd., S. 27).

Die Art, wie miteinander über Sachthemen gesprochen wird, lässt vermuten, was sich darunter alles tut.

> »Wenn jedoch in einer Gruppe Dinge geschehen, die für die Erledigung der Sachaufgabe unsinnig erscheinen, dann ist dies ein erster Hinweis auf die Wirksamkeit der latenten Ebene« (ebd., S. 28).

Freundschaftliche Nähe, Sympathie, Antipathie werden im Informellen, in Pausen unter Gleichgesinnten, sehr wohl besprochen. Es wird auch über die Abwesenden geredet – das sind Themen der *soziodynamischen Ebene.*

> »Immer muss der Leiter beide Ebenen im Auge behalten. Er muss dafür sorgen, dass sich neben der Sachkompetenz auch Sozialkompetenz entwickelt« (Langmaack u. Braune-Krickau 2000, S. 141).

Sach- und Beziehungsebene miteinander zu verbinden und im offiziellen Kontext zu besprechen ist ungewohnt, oft sogar tabu. Gruppen müssen das zuerst lernen.

Lehrpersonen sollen sich ein gutes »Echolot« erwerben, ein Gespür für psychische und soziale Prozesse sowie Kenntnisse darüber, wie man vorgehen könnte.

> »An tragfähige Sachlösungen kommt man nur wirklich heran, wenn man sorgfältig navigiert und ggf. in kleinere Boote (d. h. kleinere Schritte) umsteigt, um nicht unter Wasser, sprich im emotionalen Bereich, aufzulaufen« (ebd., S. 142).

Weil die Form des Eisbergs unter Wasser schwer einschätzbar ist, bilden Lehrer oder Schulleiter zunächst Hypothesen (siehe S. 18). Das heißt, sie werden mehrere mögliche Ursachen für eine Verhaltensweise suchen und danach überlegen, wie wahrscheinlich diese Hypothesen sind. Darauf aufbauend, können sie dann ihre Interventionen planen. Diesem Prinzip entsprechend, sind die folgenden Kapitel mit Hypothesen und Interventionsmöglichkeiten aufgebaut.

Noch tiefer verborgen liegt die *psychodynamische Ebene*:

> »Die Grundannahme ist, dass bei allen Guppenmitgliedern und in jeder Gruppensituation basale Wünsche und Bedürfnisse aktiviert werden, die wir aus unserer Lebensgeschichte mitbringen« (König u. Schattenhofer 2015, S. 30).

So könnte etwa im Teamzimmer eine Situation verstanden werden, in der sich zum Beispiel ein neuer Lehrer lausbübisch und minimalistisch zeigt – also ein etwas auffälliges Verhalten als erwachsene Berufsperson –, aber eben dazu passend, wie er es aus seiner Herkunftsfamilie als Jüngster gewohnt war.

Und immer wird es so sein, dass nicht alles besprechbar ist. Vor allem Menschen, die länger zusammenarbeiten, werden sich gut überlegen, was sie alles zur Sprache bringen wollen und was besser nicht. Eine »totale Offenheit« ist sozial unverträglich.

Langmaack und Braune-Krickau (2000, S. 142) erwähnen noch einen weiteren Aspekt, der nicht vergessen werden darf:

> »In seinem [des Eisberges] unteren Teil sind auch alle Energiequellen vorhanden, die die Arbeit auf der Sachebene fördern: Motivation, Neugier, Freude am Tun, Kreativität, Lust am Erfolg und Anerkennung, Sicherheit und Solidarität für Teilnehmer und Leiter.«

Das *Grundmuster der Gruppe* (in der Abb. 1 die unterste Schicht) kann wahrscheinlich erst nach längerer Zeit erahnt werden. Da, wie erwähnt, die Lehrperson selber auch Teil des Geschehens ist, fällt das Durchschauen schwer. Es lohnt sich aber, sich dieser Frage in einer Intervisionsgruppe zu stellen. Wenn sich im Lehrteam Verhaltensweisen wiederholen, wenn sich sogenannte überdauernde Gesten zeigen, könnte die Schulleitung erkennen, dass z. B. der Hang zum Perfektionismus oder eine leichte Zwanghaftigkeit das Grundthema der betreffenden Gruppe ist.

Interventionen

Man kann nicht nicht kommunizieren.
Paul Watzlawick[3]

In den Kapiteln 1–11 werden anhand konkreter Beispiele verschiedene gruppendynamische Modelle erläutert. Hier sollen zwei Instrumente

3 Analog könnte man sagen: Man kann nicht nicht intervenieren.

vorgestellt werden, die bei der Arbeit mit Gruppen eine zentrale und nützliche Rolle spielen.

Hypothesen bilden

Lehrpersonen müssen über gute Wahrnehmungsfähigkeit und über Empathie verfügen. Niemand kann aber die Gedanken und Gefühle seines Gegenübers lesen. Es gibt für Verhalten immer viele Beweggründe und für adäquates Handeln ebenso viele Reaktionsmöglichkeiten. In der Hektik des Schulalltags ist häufig schnelles und spontanes Reagieren notwendig. Oft kommt man erst im Nachhinein dazu, sich in Ruhe zu überlegen, wie passend sowohl die Annahmen, Vermutungen und Einschätzungen als auch das Handeln waren. Jedes Handeln beruht auf einer Hypothese. Hypothesen sind unsere bewussten oder unbewussten Annahmen über die Wirklichkeit.

Ein wichtiges Instrument der Gruppendynamik besteht darin, mithilfe von Fragen, die man sich stellt, herauszufinden, was sich zwischen den Gruppenmitgliedern abspielt, und daraus Hypothesen abzuleiten. Diese Arbeitshypothesen basieren auf Beobachtungen von Äußerungen und Handlungen der Menschen; sie bedienen sich gleichzeitig bestimmter theoretischer Hintergründe.

Zu jedem der Fallbeispiele wurden Hypothesen und Fragestellungen aufgelistet. Mit ihnen soll deutlich gemacht werden, dass hinter als negativ empfundenem Verhalten oft konstruktive oder auch positive Motive stecken können. Dementsprechend sollen die Beispiele zeigen, dass »positives Hypothetisieren« dienlich ist. Das hieße beispielsweise, gerade nicht anzunehmen, der Schüler X wolle die Lehrperson extra ärgern mit seinen Fragen, sondern zuerst einmal zu vermuten, er verstehe den Sachverhalt einfach nicht oder er sei wirklich neugierig.

Unterschiedliche Interventionsmöglichkeiten planen

Voigt und Antons (1987, S. 29) definieren den Begriff *Intervention* wie folgt:

> »Eine Gruppenleiterintervention ist ein theorie- und indikationsbezogenes, absichtsvolles Verhalten, das darauf ausgerichtet ist, Veränderungen im Prozess einer Gruppe oder ihrer Mitglieder zu bewirken.«

Entsprechend den vielen möglichen Hypothesen bestehen vielfältige Möglichkeiten zur Intervention. Das Schema von Milesi (2015) stellt sie wie folgt dar:

An wen richtet sich die Intervention?

Es gibt drei mögliche Adressaten, an die man sich mit einer Mitteilung oder einer Reaktion wenden kann: die gesamte Gruppe, eine Teilgruppe oder eine Einzelperson.

Gesamtgruppe	Teilgruppe	Einzelperson

Abb. 2: Mögliche Adressaten in einer Gruppe

Allein schon die Entscheidung, wen man anspricht, hat große Auswirkungen. Auch wenn eine Intervention an eine Teilgruppe oder Einzelperson gerichtet ist, geschieht das vor der ganzen Gruppe.

Welche Intensität soll die Intervention haben?

Auch zu dieser Frage gibt es eine Dreiteilung: schwach – mittel – stark. Die Fachbegriffe für die drei Intensitätsgrade sind:

tangential	direkt	konfrontativ

Abb. 3: Die Intensität einer Intervention

»Tangential« bedeutet, dass die Intervention das Thema nur streift. Das kann eine Anspielung sein, ein Nebensatz, ein kurzes Innehalten im Sprechfluss oder auch nur ein Blick in eine bestimmte Richtung. Eine direkte Intervention lässt keinen Zweifel daran, was gemeint ist. Hier ist aber noch kein Affekt zu spüren. Mit einer konfrontativen Intervention wird etwas gefordert oder unmissverständlich klargestellt. Oft werden dabei auch eigene Gefühle geäußert.

Wie stehen Intensität und Adresse zueinander?

Jede Intervention hat also sowohl eine Adresse als auch eine Intensität. Man kann diese beiden Ebenen als Matrix darstellen.

In dieser Anordnung der neun Möglichkeiten wird deutlich, dass es eine tendenziell schwächste und eine stärkste Intervention gibt, nämlich:

Adresse **Intensität**	Gesamtgruppe	Teilgruppe	Einzelperson
tangential	schwächste		
direkt			
konfrontativ			stärkste

Abb. 4: Matrix möglicher Interventionen

Ein Beispiel, das Hypothesen und Interventionen verknüpft:

Im Geografieunterricht führen zwei Schülerinnen Seitengespräche. Die Lehrperson richtet nun Interventionen …:

- tangential an die Gesamtgruppe: »Besprecht doch zu zweit folgende Frage: …!« Hier lag die Hypothese zugrunde, dass die Schülerinnen und Schüler schon lange zuhören mussten und jetzt eine Aktivierungsphase brauchen.
- direkt an die Teilgruppe: »Habt ihr auch gerade noch etwas zum Thema?« Dies ist an die beiden Schwatzenden gerichtet. Die Hypothese dahinter: 80 % aller Seitengespräche sind themenbezogen und könnten deshalb für die ganze Gruppe interessant sein. Oder, anders gesagt: Die beiden hätten etwas beizutragen, getrauen sich aber nicht, sich zu melden.
- konfrontativ an die Einzelperson: »Lena und Svenja, euer Schwatzen stört mich.« Hier steht die Hypothese dahinter, dass die beiden geistig ganz woanders sind und auch die Konzentration der anderen stören. Auch die Lehrperson ist gereizt, und das macht sie deutlich.

Die Übergänge zwischen den Intensitätsgraden sind fließend. Die Interventionen können nicht immer eindeutig zugeordnet werden. Es kommt auch vor, dass eine Intervention tangential gemeint war, aber direkt oder sogar konfrontativ ankommt (oder umgekehrt). Auch hier gilt die alte Kommunikationsregel: Man weiß erst, was man gesagt hat – beziehungsweise, wie es angekommen ist –, wenn man die Antwort darauf erhalten hat.

Wortwahl, Tonfall und Mimik sind stets von großer Bedeutung. Außerdem kommt es darauf an, wie lange sich Klasse und Lehrperson schon kennen und wie gut das Vertrauensverhältnis ist. Die Grundregel für das Intervenieren aus gruppendynamischer Sicht lautet: So schwach wie möglich – und so stark wie nötig. Das heißt, dass man zu Beginn sicher sanfter intervenieren wird. Nachlegen geht leichter, als zerschlagenes Geschirr zu kitten.

Das Schichtenmodell

Es gibt nichts Praktischeres als eine gute Theorie.
Kurt Lewin

Im folgenden Modell wird deutlich, warum ein behutsames Intervenieren zielführend ist.

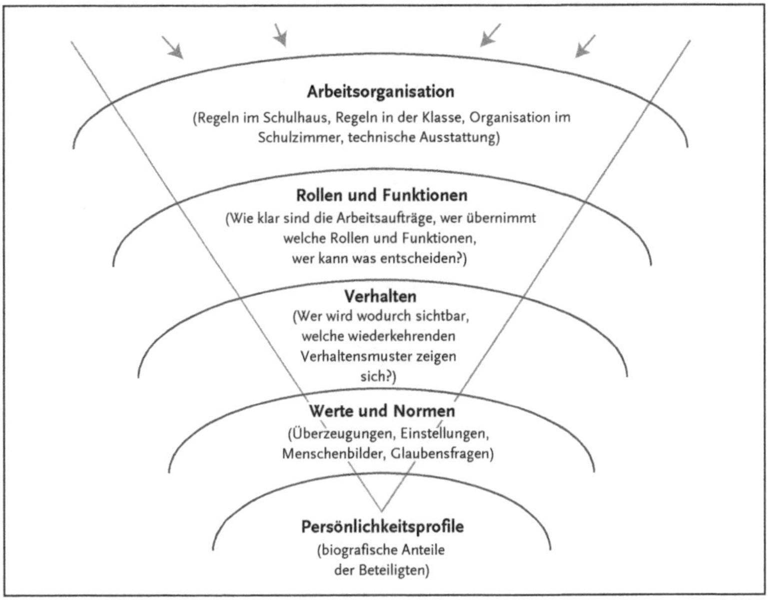

Abb. 5: Schichtenmodell (eigene Darstellung nach Schmidt u. Berg 1995 sowie Lippmann 2013)

Das Schichtenmodell (Schmidt u. Berg 1995; Lippmann 2013, S. 124) ist mit seinem Aufbau eine weitere gute Hilfe für die Planung von Interventionen.

Die fünf Ebenen sollen von »oben«, also von der Arbeitsorganisation her, mit Interventionen »betreten« werden. Diese oberste Ebene ist am leichtesten zugänglich, die Gefahr von persönlicher Verletzung klein. Auch Rollen und Funktionen sind leicht anzusprechen, weil auch hier die Distanz zur Person noch klar ist. Ein Verhalten des Gegenübers anzusprechen ist wohl in der Schule hie und da nötig, aber schon nicht mehr frei von möglichen Verletzungen. Werden hingegen die beiden untersten Schichten angesprochen, die Werte/Normen und das Persönlichkeitsprofil betreffen, ist das heikel und löst in der Regel viel Widerstand aus.

Dieses Modell wurde für die Konfliktlösung unter Erwachsenen konzipiert (gut anwendbar im Teamzimmer des Schulhauses und mit den Eltern oder Behörden), aber es ist genauso nützlich für Interventionen in Gruppen von Kindern und Jugendlichen.

Der Faktor Zeit

Kindererziehung ist ein Beruf, bei dem man Zeit zu verlieren verstehen muss, um Zeit zu gewinnen.
Jean-Jacques Rousseau

In der Praxis werden zumeist sachliche Probleme und die damit verbundenen sozialen Phänomene diskutiert. Der Faktor »Zeit« wird – wenn überhaupt – nur nebenbei erwähnt. Bei der gruppendynamischen Arbeitsweise sollte er aber stets beachtet werden. Dabei stehen vier Aspekte im Mittelpunkt. Sie sollen anhand des Beispiels »Eine Gruppe tut sich neu zusammen« erläutert werden. Vergleiche dazu Simon (2018, S. 47 ff.).

Erster zeitlicher Aspekt: Wieso taucht eine Frage gerade jetzt auf?

In den ersten Schultagen einer neuen Klasse herrscht oft auffällige Unruhe. Wenn wir sie angehen, stehen wir selbstredend in der Gegenwart. Die Ursache dafür liegt aber oft in der Vergangenheit.

Wenn eine Klasse neu zusammenkommt, hat das bereits eine Vorgeschichte:

Die Zuteilung der Schüler geschah meist in einem Büro ohne Einbezug der künftigen Lehrperson, der Eltern oder gar der Schüler. Einige Schüler kennen sich bereits aus dem Quartier oder der Spielgruppe, einige sind befreundet, andere wiederum hatten schon in einer früheren Konstellation immer wieder Streit miteinander. Vielleicht gibt es Schüler, von welchen der Lehrer bereits ein Geschwister unterrichtete und deshalb bereits ein Bild von der Familie hat. Diese Aufzählung ist selbstverständlich nicht abschließend. So kann es auch sein, dass der Lehrer innerlich noch an der alten Klasse hängt, die am Ende so gut zusammengearbeitet hat.

Zweiter zeitlicher Aspekt: Wie lange dauert es, bis eine Gruppe (hier also eine Klasse) arbeitsfähig ist?

Im beruflichen Kontext geht man oft davon aus, dass es nach einer kurzen Einarbeitung oder Akklimatisation »schon bald mal klappen sollte«. Für gewisse Arbeitsabläufe mag dies stimmen, im Bereich der Gruppen- und Teamentwicklung ist dieser Ansatz kontraproduktiv. Dies gilt sowohl für Gruppen von Erwachsenen wie für Schulklassen. Auch wenn sich sehr schnell (Sub-)Gruppen bilden, macht das Modell der Entwicklungsphasen (siehe Kap. 4) deutlich, dass Zeit und Raum gegeben werden müssen, damit sich eine Klasse positiv entwickeln kann. Ein allgemeingültiger Zeitrahmen kann nicht bestimmt werden, somit soll sich die Lehrperson auch nicht unter Druck setzen. Wenn in einer Klasse bestimmte Regeln nicht eingehalten werden, wenn das Zusammenwirken nicht gut funktioniert und immer wieder Konflikte auftreten, so muss dies zum Thema werden. Geduld und Beharrlichkeit sind notwendig, damit sich die Klasse zu einer flexiblen Gruppe entwickeln kann.

Dritter zeitlicher Aspekt: Wie groß ist der Aufwand für die Förderung des Gruppenlebens?

Eine Gruppe braucht gemeinsame Erlebnisse, Erfolge und bewältigte Krisen, damit sie sich entwickeln kann. Es braucht Diskussionen, damit erfasst werden kann, was dem Einzelnen und der Gruppe wichtig ist. Gemeinsame Reflexionen über Geschehnisse und Erlebtes sowie Rituale benötigen Zeit. Oftmals gibt man diesen Dingen nicht den notwendigen Raum. Die Lehrpersonen stehen hier allerdings in einem

Dilemma: Der Lehrplan sieht die Aneignung sozialer Kompetenzen zwar vor, vielerorts werden sie auch in den Zeugnissen bewertet, ein eigentliches Unterrichtsfach dafür ist im Stundenplan aber nicht auszumachen. So muss die Lehrperson die Zeit dafür von anderen Fächern »stehlen«, auch wenn sie dadurch Gefahr läuft, die dort vorgegebenen Lernziele nicht zu erreichen. Diese Zeit aber ist äußerst ertragsbringend eingesetzt; denn in einer lern- und arbeitsfähigen Gruppe wird der Schulstoff schneller aufgenommen. Zudem besteht bei dieser Auseinandersetzung sehr oft die Möglichkeit, fächerübergreifend zu arbeiten (sich treffend ausdrücken, eine Konstellation grafisch gestalten usw.). Darüber hinaus ist auch zu berücksichtigen, dass der Zeitaufwand für die Bearbeitung und für die Lösung eines akuten Problems sehr groß wird, wenn es nicht möglich ist, über die Ursachen eines Konflikts oder über Beziehungen zu sprechen. Das Einüben von Gesprächsritualen bedeutet deshalb auch Präventionsarbeit.

Vierter zeitlicher Aspekt: Wie gehe ich mit zeitlichem Druck um?

Einen wesentlichen Faktor für die Dynamik eines Prozesses stellt der Zeitdruck dar. Je mehr eine Gruppe unter Druck steht, umso mehr scheint es legitim, dass jemand – hier der Lehrer – die Diskussion abkürzt und zu bestimmen beginnt, damit man sich anderem – zum Beispiel dem Schulstoff – zuwenden kann (Simon 2018, S. 49). Letztendlich soll er aber nicht nur seiner Klasse, sondern auch sich selbst Zeit verschaffen. Oft setzt er sich selbst unter Druck mit der Meinung, er müsse umgehend eine adäquate, wirksame Maßnahme oder Rückmeldung zur Hand haben. Gerade bei Verstößen gegen Regeln kommt dies oft vor. Mit »Ich muss mir das zuerst überlegen, wir werden übermorgen nochmals darüber diskutieren« können voreilige Be- und Verurteilungen vermieden werden. Vielmehr kann die Lehrperson in besagtem Zeitraum in Ruhe nachdenken, welche Fragen für eine umfassende Beurteilung und die daraus folgenden Schritte noch offen sind. Gleichzeitig kann sie auch die betreffenden Schüler oder die jeweilige Klasse mit der Erarbeitung von möglichen Lösungen beauftragen.

Gruppendynamik im Schulalltag

1 Konflikt in der Klasse

Konflikte haben einen schlechten Ruf.
Doch wer möchte ein Buch lesen,
das ohne einen auskommt?
Heidi Ehrensperger

Ereignis

Einmal mehr sind sich Roger und Max in die Haare geraten. Dies ist schon an den hochroten Köpfen und den Mienen der beiden ersichtlich. Zudem wurde die Klassenlehrerin, Frau Keller, bereits von ihrem Kollegen, der die Pausenaufsicht wahrnahm, über den Faustkampf auf dem Pausenplatz informiert. Obwohl er die beiden Streithähne getrennt und den Streit zu schlichten versucht hat, fliegen noch immer Beschimpfungen und Schuldzuweisungen hin und her, als Eva Keller das Schulzimmer betritt. Für ihre Mittelstufenklasse ist dies ein willkommenes Schauspiel, und die Schülerinnen und Schüler tragen mit ihren Äußerungen nichts zu einer Beruhigung bei. Frau Keller ist angesichts der Unruhe im Klassenzimmer unschlüssig, ob sie mit der geplanten Mathematiklektion beginnen oder zuerst auf den Konflikt eingehen soll. Die bevorstehende Lektion ist jedoch die letzte vor dem anstehenden Test, die sie für die Vorbereitung nutzen will. Sie hat aber auch keine Lust, zum wiederholten Mal in der Pause oder nach der Schule Zeit für eine Schlichtung und Klärung aufzuwenden.

Frau Keller meint, die Ursache der Schwierigkeiten zu kennen: Max prahlt häufig mit Erlebnissen und eckt mit seinen Behauptungen immer wieder an. Die anderen Schülerinnen und Schüler reagieren auf die offensichtlichen Unwahrheiten von Max mit höhnischen Bemerkungen und bissigen Beiträgen im Klassenchat. Mit solchen Provokationen kann Max schlecht umgehen, und es entstehen Konflikte. Es ist ihr klar, dass es nicht nur um die beiden geht; auch andere Jugendliche leisten ihren Beitrag zu diesem immer wiederkehrenden Konflikt. Die Interventionen von Eva Keller bei Vorkommnissen, die Besprechungen im Klassenrat, welche die Diskussion von Ursachen und Verhaltensmöglichkeiten beinhalten, bringen keine wirkliche Besserung. Max bleibt im Klassenverband trotz aller Bemühungen von Frau Keller ein Außenseiter.

Der gruppendynamische Raum und Außenseiterphänomene

In der Theorie des gruppendynamischen Raumes wird davon ausgegangen, dass die wechselseitigen Beziehungen innerhalb einer Gruppe von drei Bedürfnissen der einzelnen Gruppenmitglieder geprägt werden (Antons, Ehrensperger u. Milesi 2019): *Zugehörigkeit, Macht/Einfluss* sowie *Intimität*. Jede Gruppe wird sich mit diesen drei Dimensionen auseinandersetzen.

Zugehörigkeit

Hier geht es um das Grundbedürfnis jedes Individuums, mit anderen zusammen sein zu können und zu einer Gemeinschaft zu gehören. Der Klassenverband selbst definiert eine klare (System-)Grenze. Wer nicht zur Klasse gehört, ist draußen; wer dazugehört, ist drinnen. Die Gruppe kann aber, wie im Fallbeispiel beschrieben, auch ein an sich zugehöriges Mitglied ausgrenzen. Mitglied einer Klasse zu sein gibt noch nicht die Sicherheit, gemocht, gehört und akzeptiert zu werden. Zudem entstehen innerhalb einer Klasse sehr schnell Untergruppen (Subgruppen), welche sich je nach Interessen, Bedürfnissen und (oft unausgesprochenen) Normen der einzelnen Jugendlichen gegen andere Subgruppen abgrenzen. Dies kann innerhalb der Klasse zu starken Eruptionen führen, wenn z. B. andere Kinder oder Jugendliche ebenfalls zu einer dieser Untergruppen oder Cliquen gehören möchten, aber nicht zugelassen werden. »Darf ich mitspielen, kann ich beim Treffen der anderen nach der Schule oder im entsprechenden Chatroom mit dabei sein?« Stehen solche Themen – gerade bei Konflikten – im Raum, so geht es um Zugehörigkeit.

Macht/Einfluss

Jedes Mitglied einer Gruppe steht im Spannungsfeld zwischen dem Bedürfnis, eine Bedeutung in der Gruppe zu haben, und der Gefahr, wenig bewirken zu können, bedeutungslos zu sein. »Wer hört auf mich, auf wen höre ich, über wen kann ich bestimmen, und von wem lasse ich mich beeinflussen? Was muss ich tun, damit meine Bedürfnisse innerhalb der Gruppe erfüllt werden? Mit wem muss ich Koalitionen eingehen, um ein bestimmtes Ziel zu erlangen?« Oder: »Zu wem begebe ich mich in Konkurrenz?« (siehe Kap. 9) Einfluss steht zudem in einer Wechselwirkung von Geben und Nehmen; ich nehme mir Macht, die anderen geben sie mir.

Es ist klar, dass nicht alle Gruppenmitglieder gleich viel Einfluss nehmen können, vielen erscheint dies auch nicht erstrebenswert. Kommt es jedoch immer wieder zu Diskussionen oder Streitereien darüber, wer was bestimmen oder steuern kann, so spricht man von einer starken Ausprägung im Bereich Macht und Einfluss.

Intimität

Das dritte Bedürfnis beinhaltet die Frage, wem ich nahestehe und gegenüber wem ich Distanz halte. Gerade innerhalb eines Klassenverbandes gibt es viele – oft unausgesprochene – Regeln, wie Nähe und Vertrautheit ausgedrückt werden: sich gegenseitig umarmen, Begrüßungsküsschen, das Zusammenstehen in der Pause und das Verraten von Geheimnissen, das Flüstern zu zweit oder zu dritt usw. Schnell führen dabei unterschiedliche Wünsche und Abgrenzungen zu Unruhe und Konflikten im Verband. Auch hier spricht man je nach Häufigkeit des Themas von einer starken oder schwachen Ausprägung.

Die drei Dimensionen des gruppendynamischen Raumes greifen ineinander und können nicht unabhängig voneinander betrachtet werden. Die verschiedenen Bedürfnisse können als Kräfte verstanden werden, die in unterschiedliche Richtungen ziehen. Es lohnt sich zu beobachten, in welchen Dimensionen die Klasse mehr agiert.

Im Zusammenhang mit diesem Modell können nun Hypothesen zum Verhalten von Max gebildet werden.

Hypothesen

Außenseiter entstehen gemäß Ulich (2001) entweder an den Rändern der Leistungshierarchie der Klasse oder werden von den Mitschülern wegen des »wenig klassenkonformen Verhaltens abgelehnt und isoliert« (ebd., S. 64). So entstehen folgende Hypothesen:

Könnte es sein, dass ...:

- Max besonders leistungsstark oder -schwach ist?
- sein von der Mehrheit der Gruppe nicht akzeptiertes Verhalten zu den Schwierigkeiten führt?
- Max in einer bestimmten Gruppe dazugehören möchte?
- etwas auf einen Machtkonflikt zwischen den beiden Streithähnen hindeutet?
- Konkurrenz bezüglich Liebschaften oder der Nähe zu anderen Schülerinnen oder Schülern besteht?
- die Untergruppen innerhalb der Klasse schon sehr fix sind?

Die folgenden Hypothesen beziehen sich auf das Außenseiterphänomen, wie es Jörg Fengler (1981) beschreibt:

- Könnte es sein, dass es der Gruppe oder Einzelnen nützt, dass der Konflikt bestehen bleibt? (Ebd., S. 110: Die Gruppe ist sich einig, dass es einen Konflikt braucht: »Die Position des Außenseiters entsteht aufgrund einer ganz bestimmten Konstellation aller Feldkräfte, die in der Gruppe herrschen, und in stiller Übereinkunft aller Gruppenmitglieder.«)
- Könnte es sein, dass es sich um einen Stellvertreterkonflikt handelt, bei dem es in Wirklichkeit noch um etwas ganz anderes in der Gesamtgruppe geht? (Ebd., S.113: »Die Gruppe wehrt eigene, nichtakzeptierte Teile ab und projiziert sie auf einen Außenseiter.«)
- Könnte es sein, dass Max bewundert wird für sein manchmal provokatives Verhalten? (Ebd., S. 114: »[...] der Außenseiter weckt Wünsche und Sehnsüchte.«) Das führt auch zur Frage, wie man sein muss, damit man (nicht) herausfällt.

Das Thema der Außenseitersituation wird auch in anderen Modellen der folgenden Kapitel wieder aufgegriffen. Aber schon hier wird deutlich, welche Vielfalt von Aspekten bei einem Konflikt zwischen Schülern eine Rolle spielen können.

Selbstverständlich bekommt die Lehrperson nicht alles mit, und das ist auch gut so. Jugendliche wollen und sollen ihre Freiräume ohne Erwachsene haben. Solange aber gegen eine bestimmte Person (oder auch gegen einen Sachverhalt) so gekämpft wird, kann man annehmen, dass innerhalb der Gruppe ein Konflikt besteht, den niemand anzugehen wagt. Deshalb sollte Eva Keller bei auftretenden Konflikten sich entsprechende Fragen stellen, um sich eine klarere Sicht bezüglich der einzelnen Aspekte des gruppendynamischen Raums zu verschaffen. Gerade im Klassenrat oder bei Diskussionen über einen Konflikt geht die Frage »Wo seht ihr die Ursachen dieses Streites?« oft verloren. Es soll keine verhärtete Situation entstehen, in der Max für alles herhalten muss. Denn: Reife Gruppen brauchen keinen Sündenbock. Der Einbezug aller Beteiligten soll auch klarstellen, dass jeder Einzelne in der Verantwortung steht.

Interventionsmöglichkeiten

Vorauszuschicken ist, dass an Schulen Gewaltanwendung nicht toleriert wird und dies auch in den Leitbildern und Schulordnungen vermerkt ist. Es ist erforderlich und oft auch präventiv wirksam, mit Regelungen ein klares Statement zu proklamieren. Kontraproduktiv und heikel ist es jedoch, feste Strafnormen festzulegen. Erstens bedarf jeder Konflikt – wie in der Darstellung des gruppendynamischen Raums und in den angeführten Hypothesen deutlich wird – einer individuellen Beurteilung, zudem schränkt das Lehrteam seinen Handlungsspielraum mit festgelegten Maßnahmen ein. Individuelle Vereinbarungen für eine Wiedergutmachung sind sinnvoller als von vornherein festgelegte Strafen (vgl. Omer u. von Schlippe 2010; Lemme u. Körner 2016; sowie Omer u. Haller 2019).

Gerade bei Konflikten mit Gewaltanwendung steht als Erstes die Deeskalation im Vordergrund. Diese Deeskalation hat der Kollege von Eva Keller bereits in einem ersten Schritt zu erreichen versucht, indem er die streitenden Jungen getrennt und für Distanz gesorgt hat. Die emotionale Erregung ist immer noch groß; eine Klärung muss deshalb warten (vgl. dazu neurobiologische Ergebnisse, Bauer 2008). Frau Keller gibt in der Klasse kund, dass sie vom Streit gehört hat und jetzt nicht der Zeitpunkt für eine Aufarbeitung ist. Sie bestimmt, dass die beiden Jungen genügend weit voneinander sitzen und möglichst wenig Sichtkontakt haben.

Frau Keller sollte auch deutlich kommunizieren, dass die anderen Schülerinnen und Schüler nicht weiter provozieren sollen und mit in der Verantwortung stehen. Mit dieser ersten Vorgehensweise und ihrer Stellungnahme berücksichtigt Eva Keller bereits einen wichtigen Aspekt des gruppendynamischen Raums: Sie macht mit ihren Informationen und Anweisungen an die Klasse deutlich, dass für sie nicht einfach nur das Verhalten der beiden Streithähne im Vordergrund steht. Deshalb ist es auch sinnvoll, nicht nur das Gespräch mit Max und Roger zu führen, sondern die Klasse in die Aufarbeitung mit einzubeziehen, Ursachen und Lösungsvarianten gemeinsam zu erarbeiten. Mit Fragestellungen aus den oben aufgelisteten Hypothesen kann sie die Meinungen (und damit auch die Bedürfnisse und Haltungen) aller Schülerinnen und Schüler erfahren und einordnen: Jeder Schüler der Klasse sagt in einem Satz, was für ihn die Ursache dieses Streites ist. Ihr und auch der Klasse wird so klarer, welche informellen Regeln oder Gesetze bestehen. Die zutage tretenden Divergenzen können durch die Klasse erfasst und gegebenenfalls schriftlich (auch grafische Skizzen für die Darstellung der verschiedenen Gruppen einer Klasse sind möglich) festgehalten werden. Diese Arbeit erreicht in der Regel die Gemeinschaft, weckt Verständnis und Mitgefühl für den anderen und wirkt somit auch präventiv bezüglich der Fortsetzung des dysfunktionalen Mechanismus.

Frau Keller wird ein Auge darauf haben müssen, dass dabei schmerzhafte Empfindungen an die Oberfläche kommen können. Gerade Max mit seiner Angeberei kann ins Zentrum der Kritik geraten, seine Außenseitersituation kann sich verstärken. Deshalb ist es im Sinne der Integration und Zugehörigkeit notwendig, Partei (insbesondere für Außenseiter) zu ergreifen und die Haltung einzelner Schüler lobend oder kritisch hervorzuheben. Wenn es gelingt, dass der größte Unterschied (vielleicht ist es der zwischen Max und Roger) in der Klasse überbrückt werden kann, ist für die Entwicklung der Gruppe Entscheidendes gelungen.

Ebenso ist es dienlich, Instrumente zu erarbeiten, mit deren Hilfe die Schüler in aufkeimenden Konfliktsituationen zwischen Einzelnen Einfluss nehmen können. Der Einbezug der Schüler ist auch hier wesentlich; erstens haben sowohl Kinder wie Jugendliche viele gute Ideen, zum anderen werden die dabei beschlossenen Verhaltensnormen auch besser akzeptiert. Solche Abmachungen können ebenfalls schriftlich oder grafisch festgehalten werden und – wenn möglich – im Klassenzimmer für alle sichtbar bleiben.

2 Elternabend

Schulen sind Produktionsstätten der Menschlichkeit, sofern sie bewirken, dass aus Menschen wirklich Menschen werden.
Johann Amos Comenius

Ereignis

Lehrer Alf Berger hat sich schon während der Vorbereitung seines ersten Elternabends mit der neuen Klasse ausgemalt, zu welchen Diskussionen es kommen könnte. Dass es jedoch so schwierig würde, hat er nicht erwartet.

Nach der Präsentation des Programms für das bevorstehende Klassenlager meldet sich ein Vater, Karl Albertin, kritisch. Nicht nur erachtet er die geplante Wanderung als viel zu lang, sondern er bringt auch Einwände gegen die Exkursionen, bei denen die Schülerinnen und Schüler selbstständig das Dorf sowie die Umgebung erkunden müssen. Dass Alf Berger zudem den zehnjährigen Kindern, die er ja noch kaum kenne, vor dem Abendessen »Ausgang« ins Dorf gewähren wolle, erscheine ihm als nicht verantwortbar. Obwohl Alf Berger auf die angestrebte Förderung der Selbstständigkeit hinweist und erwähnt, dass die Gefahren in diesem überschaubaren Dorf klein sind, und er von seinen zahlreichen positiven Erfahrungen berichtet, kann er den Vater und die Atmosphäre hier beim Elternabend nicht beruhigen. Im Gegenteil: Herr Corti meldet sich und weist darauf hin, dass heutzutage auch in kleinen Dörfern etliche Gefahren lauern. Er jedenfalls würde seinem Sohn solche Freiräume nicht gewähren; Kinder wüssten in diesem Alter damit noch nicht gut umzugehen. Herr Berger solle die Kinder bei den Exkursionen und während des Ausgangs im Dorf begleiten. Doch damit nicht genug. Nun meldet sich noch Frau Basler: Sie findet, dass ein Klassenlager in der 4. Klasse viel zu früh sei. Besser wäre, ein solches in der 6. Klasse durchzuführen, das habe sie selbst so erlebt und als schönen Abschluss mit der Klasse empfunden.

Rangdynamisches Rollenmodell

Bevor das rangdynamische Rollenmodell von Raoul Schindler erläutert wird, stellt sich folgende Frage: Sind Eltern eine Gruppe?

Die Definition einer Gruppe umfasst vier Elemente, die vorhanden sein müssen: *Größe, Dauer, Ziele* und *Beziehungen* (siehe S. 13). Bezüglich Größe und Dauer können die Eltern einer Klasse als Gruppe angesehen werden. Dennoch stellen sie, im Gegensatz zum Lehrteam und zum Klassenverband, eine eher lose Gruppierung dar, denn es fehlt ein dauerhaftes gemeinsames Arbeitsziel. Zudem sind die Beziehungen immer wieder unterbrochen. Kontakte zwischen schulischen Veranstaltungen finden eher zufällig und punktuell statt. Das Interesse, dass ihre Kinder optimal gefördert werden, ist nicht als Arbeitsziel der ganzen Gruppe anzusehen. Durch die fehlende längere Verweildauer in der Gruppe sind Entwicklung und Zusammenarbeit der Elterngruppe schwierig. Möglicherweise kommt sie nie über die ersten beiden Phasen der Gruppenentwicklung hinaus (siehe S. 45). Deshalb ist es auch sehr anspruchsvoll, einen Elternabend zu planen. Einerseits kommen bei einer solchen Veranstaltung die verschiedenen (Erziehungs-)Haltungen zum Ausdruck: Ängstliche, fordernde, zurückhaltende, tolerante und ehrgeizige Eltern sind in allen Klassen vertreten. Die verschiedenen Erwartungen und Ansprüche unter einen Hut zu bringen stellt eine große Herausforderung für die Lehrperson dar. Andererseits ist die Art des Auftretens der Eltern und die damit verbundene Einflussnahme auf die Entscheidungen an diesem Abend sehr unterschiedlich. Es kann sein, dass Eltern, die in einem früheren Einzelgespräch noch sehr zurückhaltend und kooperativ wirkten, im Kontext eines Elternabends plötzlich eine bestimmende Rolle einnehmen und – je nach Art der Beziehung zu anderen Eltern – großen Einfluss auf die Meinungsbildung haben. Damit man dies besser verstehen kann, ist das rangdynamische Rollenmodell nach Schindler hilfreich (Antons, Ehrensperger u. Milesi 2019).

Rangdynamisches Rollenmodell nach Raoul Schindler[4]

Nach Schindler sind in einer Gruppe stets vier verschiedene Verhaltensarten festzustellen. Es handelt sich dabei nicht um »Charaktere« oder »Typen«, sondern um Positionen in der Diskussion. Wenn der Gesprächsgegenstand (in der Abb. 6: G) wechselt, werden auch die Rollen wieder neu eingenommen.

4 Vgl. König u. Schattenhofer 2015; dort eingängige Erläuterung

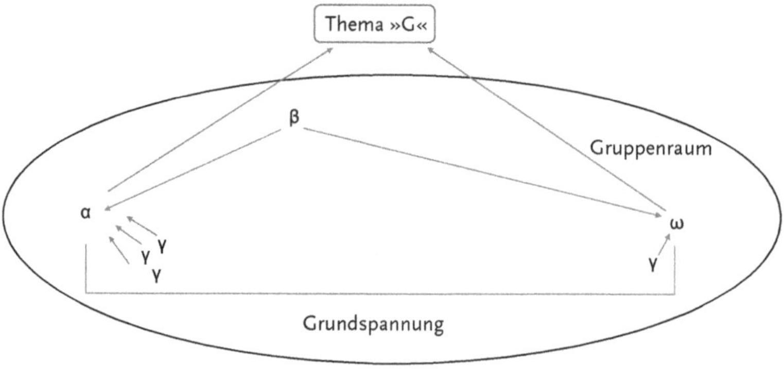

Abb. 6: Rangdynamisches Rollenmodell nach Raoul Schindler (in König u. Schattenhofer 2015, hier Darstellung von H. E. u. P. S.)

Die Alpha-Rolle (α) wird der Person, die das Gruppenziel repräsentiert, zugeschrieben. Sie bringt Inhalte und Ziele ein und versucht, die Gruppe für ihre Ziele und den Weg dorthin zu gewinnen.

Den Gegenpol zur Alpha-Rolle bildet die Omega-Rolle (ω). Sie nimmt bezüglich des Gesprächsinhalts einen anderen Standpunkt ein. Sie beleuchtet die »Rückseite des Mondes«, betont andere Facetten des Gesprächsgegenstandes »G«. Die Motivation dazu kann sowohl sachlich begründet sein wie auch auf der Beziehungsebene liegen.

Die Beta-Rolle (β) übernimmt, wer versucht, der Alpha-Rolle Ratschläge zu erteilen oder zwischen Alpha und Omega zu vermitteln.

Die meisten Gruppenmitglieder haben die Gamma-Rolle (γ) inne. Sie nehmen wenig oder wenig dezidiert Stellung, folgen zumeist Alpha, sind jedoch beeinflussbar. Es ist deshalb auch möglich, dass sie sich von den Argumenten der Person, welche die Omega-Rolle einnimmt, überzeugen lassen.

Im Beispiel nimmt Lehrer Alf Berger, der sein Klassenlagerprogramm seinen Vorstellungen entsprechend durchführen möchte, die Alpha-Rolle ein. Bei seinem Ziel »Förderung der Selbstständigkeit« mit den konkreten Inhalten »freier Ausgang« und »selbstständige Gruppenarbeiten im Dorf« (in der Abbildung 6 = »G« = Gesprächsgegenstand) übernimmt Herr Albertin die Omega-Rolle. Die Beta-Rolle vertritt Herr Corti mit seinem Vorschlag bezüglich der Begleitung der Klasse. Frau Basler bezieht zu einem anderen Thema (Verschiebung des Klassenlagers) Position. Sie übernimmt die Omega-Funktion in der Frage, ob das Klassenlager in der 4. Klasse eine gute Idee sei, und eröffnet damit einen neuen Schauplatz (ein neues »G«).

Schindler geht davon aus, dass in jeder Gruppe stets alle vier Positionen vorkommen. Je nach Thema (»G«) werden die Rollen wie erwähnt von unterschiedlichen Personen besetzt. Es ist daher müßig, sich vorgängig zu überlegen, wie vermieden werden kann, dass jemand die Omega-Rolle einnimmt. Vielmehr hilft es, sich mögliche Hypothesen für entsprechende Verhaltensweisen zu überlegen.

Hypothesen

Zunächst können auf einer sachlichen Ebene Hypothesen gebildet werden. Könnte es sein, dass ...:

- etwaige negative Erlebnisse Karl Albertin zu seinem Widerstand führten?
- er in seinem Umkreis schon von schwierigen Situationen gehört hat oder von Berichten aus Medien (über)sensibilisiert ist?
- Herr Corti möglicherweise in seiner Erziehung überbehütend und zu vorsichtig ist?

Daneben öffnet sich ein breites Feld für Hypothesen, welche auf der beziehungsdynamischen Ebene liegen. Könnte es sein, dass ...

- Herr Albertin es nicht erträgt, dass eine andere Person durch den Abend führt (Machtfrage)?
- er deswegen durch die abweichende Meinung »eine Art informelle Einflussposition« erhalten möchte, hier als Warner oder Mahner? (Fengler 1981, S. 115: »Der Außenseiter verunsichert die Gruppenmeinung und verändert sie ein wenig.«)
- es ihm einfach darum geht, Aufmerksamkeit zu erhalten? (Ebd., S. 114: »Aus seiner Position einen verdeckten Nutzen ziehen.«)
- Herr Corti Vorschläge einbringt, weil er sich dadurch Nähe zum Lehrer erhofft (Thema »Nähe und Zugehörigkeit«)?
- die Einwände von Karl Albertin und Frau Basler einfach Ausdruck dafür sind, dass sie die Versammlung nicht interessant finden und die Kritik in ihrer Lustlosigkeit begründet ist? (Ebd., S. 112: »Die Gruppe [respektive hier der Elternabend] ist zwar nicht attraktiv, aber ich habe keine Alternativen.«)

Interventionsmöglichkeiten

Menschen in der exponierten Alpha-Rolle neigen sehr oft dazu, kritische Rückmeldungen gleich auf der Beziehungsebene anzusiedeln, sehen sie als Kritik an ihrer Person. Diese Sicht führt nicht weiter. Herr Berger sollte hier also zuerst klären, ob es um einen reinen Interessenkonflikt oder um einen Positionskampf geht. Herr Albertin und Herr Corti könnten zum Beispiel gefragt werden: »Haben Sie schon negative Erfahrungen gemacht?« – »Was sind Ihre konkreten Befürchtungen?« – Können die Eltern konkrete Beispiele nennen, so geht es ihnen wirklich um eine sachliche Diskussion; bleiben sie vage oder argumentieren überspitzt, dürfte es eher um Themen auf der Beziehungsebene zwischen ihnen und ihrem Kind respektive zwischen ihnen und Herrn Berger gehen. Unsichere oder ängstliche Lehrpersonen neigen dann dazu, den Einwänden von Omega stattzugeben, auch wenn dadurch die eigene Haltung zurückstehen oder das Programm geändert werden muss.

Auseinandersetzungsfreudige Lehrpersonen verlegen sich aufs Argumentieren und lassen sich auf einen Machtkampf ein. Bei beiden besteht die Gefahr, dass die Omega-Rolle zu viel Gewicht bekommt. Die Gammas sollten nicht vernachlässigt, sondern um ihre Meinungen gefragt werden. Damit könnten sich auch Differenzen und eventuelle Varianten zeigen, die als Lösungsansätze dienen können.

Alf Berger ist sich dank des Modells bewusst, dass stets ein Omega in Erscheinung treten kann, ob nun beim erwähnten Thema oder anderswo. So liegt für ihn ein Widersprechen in der Natur der Gruppe. Er muss sich weder persönlich noch sachlich infrage gestellt fühlen. Durch Fragen wie zum Beispiel »Was würden Sie benötigen, damit Sie ein besseres Gefühl hätten?« oder »Unter welchen Umständen könnten Sie dem geplanten Vorgehen zustimmen?« kann Lehrer Berger ausloten, welche konkreten Erwartungen im Raum stehen. Mit solchen Fragen zieht er die Parteien mit in die Verantwortung, und statt über Bedenken wird nun über Lösungen diskutiert. Wie nebenbei können eventuelle irrtümliche Annahmen korrigiert werden: »Ihr Kind geht nicht allein durchs Dorf, es sind immer mindestens vier beieinander.« So gewinnt er die unsicheren oder unentschlossenen Eltern. Bezüglich des Themas rückt Alf Berger somit von der Alpha-Rolle ab und begibt sich in die Beta-Position, welche zwischen den Polen steht. Damit ist er auf der Ebene von Herrn Corti, welcher ja bereits einen Vorschlag eingebracht hat. Damit wird auch deutlich, dass Alf Berger seine Ziele und die ihm wichtigen Grundhaltungen im Auge behalten und an der Veranstaltung zu ihnen stehen will. In der Rolle des Vermittlers hat Alf Berger weit größere Chancen, seine Ziele zu erreichen, weil er die Gammas mit im Boot behält und die dort meist vorhandene positive Energie nutzt.

Das rangdynamische Rollenmodell ist ein gutes Hilfsmittel dafür, sich auf Veranstaltungen vorzubereiten. Die Träger der Omega-Rolle mit ihren Gegenargumenten werden oft als unangenehm und mühsam empfunden. Gerade im pädagogischen Bereich liegt es aber auf der Hand, dass die Ansichten und Haltungen auseinandergehen. Umso wertvoller ist es, wenn sich jemand in die Omega-Rolle begibt und seine Einwände äußert. Ohne diese Einwände bleiben die Argumente versteckt und kommen allenfalls erst zu spät an die Oberfläche. Mit einer solchen Perspektive und den erwähnten Fragestellungen kann Alf Berger den Abend gelassener angehen.

3 Dicke Luft im Teamzimmer

Man widerspricht oft einer Meinung, während uns eigentlich nur der Ton, mit dem sie vorgetragen wurde, unsympathisch ist.
Friedrich Nietzsche

Ereignis

Auf der Konferenz eines großen Schulhauses, in dem alle Schulstufen vertreten sind, wird unter »Verschiedenes« das ständig wiederkehrende Thema »Kleiderregeln« aufgebracht. Oberstufenlehrer Heinz Schubert regt sich darüber auf, wie leicht bekleidet Schülerinnen der Oberstufe zur Schule kommen. Er fordert vehement, dass alle Kolleginnen und Kollegen die seit Langem festgelegten Regeln durchsetzen und will sofort eine verbindliche Abstimmung dazu. Zwischen ihm und Ulrich Moser entspinnt sich ein heftiger Dialog. Ulrich findet die Diskussion müßig, weil das Thema seit Jahren besteht und nie eine einheitliche Umsetzung erreicht wurde. Er hält deshalb eine Einigung für illusorisch. Anne Kaiser, auch sie an der Oberstufe tätig, vertritt die Ansicht, es brauche keine Regeln, es reiche, wenn man punktuell und dort dafür deutlich sichtbar einschreite. Die Lehrpersonen der Unterstufe fühlen sich vom Thema nicht betroffen und melden sich kaum. Der Ton wird zunehmend gereizter. Jan Obermeyer, ein Kollege aus der Mittelstufe, leidet unter der schlechten Stimmung und möchte die Diskussion abschließen. Wegen der fortgeschrittenen Zeit wird die Konferenz von Schulleiter Samuel Weber beendet, ohne dass über das Thema eine Entscheidung getroffen wurde.

Konflikt und Widerstand

Auch wenn es sich jetzt im Kollegium konflikthaft anfühlt, würden wohl nicht alle dem Vorfall das gleiche Gewicht und die gleiche Dringlichkeit zuordnen. Vielleicht würden einige sogar sagen, das sei gar kein Konflikt, bloß ein Austausch unterschiedlicher Meinungen. Andere würden sagen, dass lediglich ein Widerstand gegen den Vorschlag von Heinz Schubert auftaucht.

Was ist also ein Konflikt? Die Definition von Bruno Rüttinger (s. Glasl 1999, S. 14) lautet:

»Soziale Konflikte sind

- Spannungssituationen,
- in denen zwei oder mehrere Parteien,
- die voneinander abhängig sind,
- mit Nachdruck versuchen,
- scheinbare oder tatsächlich unvereinbare Handlungspläne
- zu verwirklichen und
- sich dabei ihrer Gegnerschaft bewusst sind.«

Widerstand und Konflikt stehen in einem Zusammenhang, da Widerstand eine häufige Vorform von Konflikt ist. Aber nicht aus jedem Widerstand wird ein Konflikt. Zum Widerstand existiert keine kurze Definition, verschiedene Autoren beschreiben das Phänomen wie folgt:

- Widerstand ist eine – oft diffuse – Reaktion auf Veränderungen.
- Widerstand zeigt sich verbal und nonverbal.
- Widerstand ist ein natürlicher und notwendiger Bestandteil von Lernprozessen und -gruppen – eine Reaktion auf Lernzumutungen.
- Widerstand, gut wahrgenommen, macht Veränderung möglich.
- Widerstand ist eine Form der Kooperation.
- Widerstand ist in Bedürfnissen begründet und hat eine Schutzfunktion.
- Widerstand enthält (gebundene) Veränderungsenergie.
- Widerstand kann ein kreativer Versuch sein, sich auszudrücken.
- Widerstand ist immer ein Zeichen von Betroffenheit, ist also auch Gradmesser für das Wesentliche.
- Widerstand kann auch mit einem zu großen Enthusiasmus der Leitung zu tun haben.

Widerstandsphänomene kann man als Kräfte verstehen – und begrüßen. Treten sie auf, ist noch kein Fehler passiert; sie sind »etwas Natürliches«. Verstehen also die Schulleitung und das Kollegium Widerstand als etwas Notwendiges, reagieren sie darauf anders. Außerdem kann man denken: Solange jemand in Widerstand geht, ist er noch da (»Widerstand ist eine Form der Kooperation«), hat noch nicht resigniert oder innerlich gekündigt.

Bei der Diagnose von Gruppenproblemen geht es darum, nicht nur auf die lauten und deutlichen Konflikte (die »heißen« Konflikte), sondern auch auf die unausgesprochenen (die »kalten«) zu achten. Letztere sind schwieriger anzugehen, weil sie immer wieder in den »Untergrund« entschwinden und kaum zu packen sind. Ebenso deuten Interesselosigkeit und Unentschlossenheit auf Widerstände oder Konflikte hin.

Hypothesen

Könnte es sein, dass ...

- Heinz sich mit der Schule identifiziert und ihr Ansehen hochhalten will? Regen sich bei ihm deshalb Widerstände gegen das Auftreten der leicht bekleideten Schülerinnen? »Widerstände wollen das Überleben der Organisation sichern« (Schmidt u. Berg 1995, S. 175).
- Ulrich des Themas müde ist, weil er nicht mehr daran glaubt, dass je eine Einigung gefunden wird? »Widerstände zeigen immer (gebundene) Veränderungsenergie an« (ebd.).
- Jan überfordert ist, weil er sich schützen will vor dem heiklen Thema und der gehässigen Diskussion darüber? Er fürchtet vielleicht, dass es durch diesen Konflikt Verletzungen gibt, die bleibende Wunden hinterlassen könnten. Dadurch könnte das Arbeitsklima im Schulhaus dauerhaft verschlechtert werden. »Werden [...] unbewusste, d. h. nicht verarbeitete Konflikte reaktiviert, [...] reagiert der Klient zum eigenen Schutz vor Überforderung durch den als schmerzhaft empfundenen, mit Scham besetzten oder Angst auslösenden Konflikt mit Abwehr« (Weigand 2009, S. 232).
- Anne mit ihrem Widerstand gegen Regeln immer noch kooperatives Handeln zeigt? »Widerstand ist eine Form der Kooperation« (dieser Satz wird allgemein Steve De Shazer zugeschrieben, die genaue Quelle ist jedoch nicht bekannt; vgl. dazu aber de Shazers Aufsatz von 1984).
- andere Spannungen herrschen (z. B. eine Lehrperson fühlt sich nicht akzeptiert von den anderen), die sich nun am Stellvertreterthema »Kleiderfrage« entzünden? Lässt der hohe Affektaufwand auf ein virulentes Thema im Team schließen (vgl. Fengler 1981)?

- es nicht nur um die Kleiderregeln geht, sondern darum, ob alle dieselbe Meinung und Haltung vertreten müssen?
- sich die Lehrpersonen der Unterstufe nicht beteiligen, weil im Schulhaus ein stufenspezifisches Denken vorherrscht?
- es ein Machtkampf ist?
- die Bewältigung des Konfliktes für die weitere Entwicklung dieses Teams wichtig ist?

Interventionsmöglichkeiten

Sicher ist, dass der Schulleiter nicht allein eine Lösung finden kann, es braucht die Kooperation aller Lehrpersonen.

Interventionsmöglichkeiten für den Schulleiter:

- Das Thema bei der nächsten Konferenz wieder aufnehmen und genügend Zeit anberaumen. Offen sein für alles, was mit der hitzigen Diskussion von letztem Mal zusammenhängen könnte. Deshalb bereits zur Einladung der nächsten Sitzung das Thema als Tagesordnungspunkt mit Zielformulierung aufnehmen. Somit für das Kollegium transparent machen, wie er vorgehen will und was er erwartet.
- Im Sinne einer Konfliktlösungsstrategie alle mit einbeziehen. Zum Beispiel:
  - von jedem Einzelnen des Teams in einem Satz sein Anliegen einfordern: »Mich beschäftigt in diesem Zusammenhang, ...«
  - Mit Moderationskarten die Gedanken aller sammeln und dauerhaft sichtbar haben.
- Keine Eile. Nicht zu schnell abstimmen lassen! Mehrere Varianten suchen und festhalten. Integration anstreben, d. h. eine Lösung finden, die für alle besser ist als die erste schnelle Idee und die nicht wie bei einem Kompromiss Verzicht bedeutet.
- Darauf achten, dass andere wichtige Themen (außer der Kleiderfrage) später ebenfalls bearbeitet werden (Themenspeicher für Weiterbildungstage eröffnen).
- Mit dem Widerstand gehen, nicht gegen ihn (Doppler u. Lauterburg 2008). Nicht defensiv reagieren; sich flexibel zeigen. Raum und Sicherheit geben, den eigenen Widerstand zu entdecken und zu äußern (Van Rijn 1987).
- Das Schichtenmodell beachten (nach Schmidt u. Berg 1995, siehe S. 21): von »oben her« intervenieren, nicht auf die Persön-

lichkeit zielen, sondern die Arbeitsorganisation sowie Rollen und Funktionen ansprechen.
- Der Unterschiedlichkeit im Teamzimmer gerecht werden: »Wir müssen das zusammen lösen, auch wenn die Unterstufe denkt, nicht direkt betroffen zu sein. Es geht um ein pädagogisches Thema und um die Schulkultur, deshalb sind auch die Ideen der Unterstufenlehrerinnen unverzichtbar.«
- Eine pragmatische und tragfähige Lösung zu finden reicht. Keine perfekte Lösung anstreben (Simon 2018).
- Verständnisvoll, geduldig mit Widerstand umgehen, echtes Interesse zeigen (Van Rijn 1987).
- Achtsamkeit und Anschlussfähigkeit üben, Antennen ausfahren.
- Aktives Zuhören, Nachfragen, Paraphrasieren.
- Diesen Konflikt im Zusammenhang mit der Entwicklung des Teams sehen (siehe Entwicklungsphasen in Gruppen, Kap. 4), deshalb Sorgfalt auf die Lösung verwenden. Wenn das Team diesen »Sturm« übersteht, d. h. diesen Konflikt zu einer guten Lösung bringt, ist nicht nur das Thema »Kleiderregeln« geklärt, sondern auch viel für die Kohäsion und die Arbeitsfähigkeit des Teams gelungen.
- Einen guten Umgang mit dem Thema für die Zukunft abmachen: Damit der Beschluss auch dauerhaft umgesetzt wird, ist es gut, wenn sich die Kolleginnen gegenseitig auf auffällig gekleidete Schülerinnen aufmerksam machen, damit die Verbindlichkeit des Handelns im Team gut funktionieren kann.

All diesen Überlegungen zum Trotz – hie und da ist ein Machtwort notwendig: »Ich will das so.«

Interventionsmöglichkeiten für alle im Team:

Ängstliche Lehrpersonen können wieder handlungsfähig werden, wenn sie sich bewusst werden, dass Widerstand ein natürlicher Bestandteil jedes Lernprozesses ist (Huber 2003). Ebenso kann die Einsicht helfen, dass jeder Widerstand hundert gute Gründe hat. Vielleicht war das entsprechende Verhalten früher sinnvoll – deshalb wird es wiederholt. Lehrpersonen, die Konfliktsituationen nicht mögen, könnten daran denken, dass im Gesundheitsbereich »Widerstandsfähigkeit« etwas ausgesprochen Positives beinhaltet (Rotering-Steinberg 2003).

Außerdem lohnt sich der Mut, den Konflikt zu thematisieren, denn Widerstand und Konflikt stellen Kräfte dar, mit deren Hilfe Veränderung und Entwicklung für das gesamte Team möglich werden:

- Sich nicht eingraben in Positionen, sondern die Bedürfnisse hinter den Statements erfragen.
- Welches sind meine Bedürfnisse in dieser Sachfrage?
- Varianten für die Konfliktlösung denken, und zwar mehrere. Nicht die erste nehmen.
- In anderen Schulhäusern fragen, wie sie das lösen.
- Geduld haben. Nicht zu schnell abstimmen wollen. Eine Lösung anstreben, die für alle besser ist als die erste schnelle Idee und die nicht wie beim Kompromiss Verzicht bedeutet.
- Aktives Zuhören, Nachfragen, Paraphrasieren.
- Anerkennen und zulassen, dass es Dauerthemen gibt; die Zusammenarbeit im Schulhaus ist eines davon.
- Falls der Konflikt immer wieder auftaucht: nicht nach dem Warum fragen, sondern nach dem Wozu: Welchen Sinn hat er, wem nützt er? (Vgl. Fengler 1981)

4 Ein neuer Schüler kommt

Phänomene von Anziehung und Abstoßung,
von gegenseitiger Abhängigkeit sind gemeint,
wenn Lehrer über Beziehungsprobleme
mit ihren Klassen sprechen.
Dorothea Freudenreich

Ereignis

Anfangs Dezember informiert der Schulleiter seinen Lehrer Ralph Müller, dass ab Januar ein neuer Schüler in dessen 6. Klasse sitzen werde. Sandro wohnte vorher in einem anderen Bundesland, wo er das letzte Schuljahr wegen einer längeren Krankheit wiederholte; deshalb ist er 1 ½ Jahre älter als die anderen Schülerinnen und Schüler.

Als Sandro am ersten Schultag nach den Ferien erscheint, fällt dem Lehrer sofort auf, dass er körperlich viel weiter entwickelt ist als die anderen Jungen in der Klasse. So zeigt sich bei ihm schon der Stimmbruch. Ralph Müller führt seine Klasse seit 2 ½ Jahren. Die Übertrittsentscheide für die Oberstufe stehen an. Er ist sich des Drucks bewusst, unter dem viele Kinder und auch er selbst stehen. Bei seiner letzten Schulklasse hatte er darunter gelitten, dass er weniger Schülerinnen und Schüler als seine parallelen Lehrpersonen in die beiden anspruchsvolleren Oberstufenzüge empfehlen konnte. Einige Eltern hatten damals an seiner Qualifikation gezweifelt.

Ralph Müller denkt, dass seine sozial sensibilisierte Klasse den neuen Schüler gut integrieren wird. Weil der Druck durch die Oberstufenübertritte so groß ist, möchte er seine Zeit lieber für stoffliche Belange aufwenden.

Sandro wird von der Klasse zuerst einmal zurückhaltend aufgenommen. In der Pause scheint er ein bisschen verloren herumzustehen, obwohl Ralph Müller den Schülerinnen und Schülern gesagt hatte, sie sollten sich um Sandro kümmern. Wenig später entdeckt Ralph Müller im Klassenchat abschätzige Bemerkungen einzelner Jugendlicher über Sandro.

Entwicklungsphasen in Gruppen

Gruppen entwickeln sich nicht linear, nicht gleichförmig; es gibt »Wendepunkte, Höhe- und Tiefpunkte, Krisen und Sternstunden« (König u. Schattenhofer 2015, S. 56 ff.). Keine Gruppe entwickelt sich präzis nach einem Modell. Dennoch helfen Theoriemodelle, die komplexen Vorgänge in Gruppen besser verstehen zu können.

Gruppenphasen

Verschiedene Autoren beschreiben fünf Phasen, welche Gruppen während ihrer Existenz durchlaufen. Bei König und Schattenhofer (ebd.) sind sie wie folgt betitelt:

1. Anfangs- und Orientierungsphase
2. Positions- und Rollenklärung
3. Vertrautheit, Konsolidierung
4. Differenzierung
5. Trennung und Abschied.

Bruce Tuckman benannte 1965 als erster vier Gruppenphasen (ohne die Abschlussphase), er wählte die Begriffe, die sich im Fragebogen im Anhang befinden: Forming, Storming, Norming, Performing.

Was beschäftigt die einzelnen Schülerinnen und Schüler, welche Aufgaben hat die Lehrperson in diesen Phasen?

Phase	Schülerinnen und Schüler	Lehrperson
Anfangs- und Orientierungsphase	Unsicherheit, Angst; Kennenlernen und Abtasten. Wer bin ich hier? Wer sind die anderen? Was gilt hier? Kann ich das? – Suche nach Anhaltspunkten; Schwierigkeiten, sich zu entscheiden.	Integration aller, Gruppenbildung fördern; passende Anfangsgestaltung (Vorstellungsrunde, Kontrakt oder Klassenregeln erstellen bzw. erneuern, wobei das Statement der Lehrpersonen maßgeblich einfließen soll): die Gruppe in die Verantwortung nehmen; Verbindlichkeit schaffen. Das Getestetwerden als etwas »Natürliches« nehmen.
Positions- und Rollenklärung	Wer passt zu mir? Wem kann ich vertrauen? Wer kann was wie gut? Welche Talente zeigen sich? Wo erlebe ich Konkurrenz,	Ruhe behalten; wissen, dass es diese Phase braucht, damit die Gruppe selbstständig werden kann (analog Trotzphase und

	Konflikt? Was passiert, wenn ich Kontraktpunkte nicht einhalte?	Pubertät); Schülerinnen und Schüler einbeziehen; kooperatives Verhalten bestärken. Auftretende Konflikte mit dem Kontrakt in Zusammenhang bringen und mögliche Arten von Reaktionen auf Provokationen hin besprechen. Was braucht die Klasse für die Rollenklärung unter sich?
Vertrautheit, Konsolidierung	Die Kohäsion (der Zusammenhalt) wächst, Anderssein ist aber schwierig. Abweichende Ansichten werden heruntergespielt.	Blick auf nonkonformistisches Verhalten und seine Würdigung; Unterschieden Raum geben.
Differenzierung	Die Unterschiedlichkeit der Individuen wird akzeptiert. In der Zusammenarbeit holt man, wenn möglich, diejenigen als Zugpferde, die viel vom jeweiligen Thema/Fach/der Aufgabe verstehen. Alle haben ihren Platz gefunden.	Verantwortung übertragen; Selbststeuerung fördern und fordern; auf das Potenzial der Gruppe vertrauen; nur da eingreifen, wo es nötig ist; oft beratende Rolle einnehmen; dem Klima in der Gruppe Beachtung schenken.
Trennung und Abschied	Mögliche Erscheinungen sind abfallende Energiekurve, Lähmung, Unselbstständigkeit, Unzuverlässigkeit; auch Emotionen jeder Art, zum Beispiel Trauer.	Stabiles »Nervenkostüm anziehen«; nicht jedes Schülerverhalten persönlich nehmen; passende Rituale für Abschluss und Übergang (z. B. in die neue Schulstufe) finden.

Tab.: Phasen der Gruppenentwicklung – Was beschäftigt die einzelnen Schülerinnen und Schüler, welche Aufgaben hat die Lehrperson?

Integrations- und Differenzierungsmodell

König und Schattenhofer (2015) fügen den bisherigen Modellen der Gruppenentwicklung ein weiteres hinzu, das eine andere Betrachtungsweise ermöglicht: Die Gruppe oszilliert zwischen den Polen »Integration« und »Differenzierung«. Integration versteht sich als Bewegung des Zusammenrückens, des Genießens der Wärme und Einigkeit in der Gruppe, des Verbindenden. Demgegenüber betont die Differenzierung das Auseinanderrücken, das Sich-Luft-Verschaffen für die Entfaltung der Individuen und das Anerkennen der Unterschiedlichkeit. Das korrespondiert mit zwei Grundbedürfnissen des Individuums: dazugehören und dabei seine Individualität behalten können.

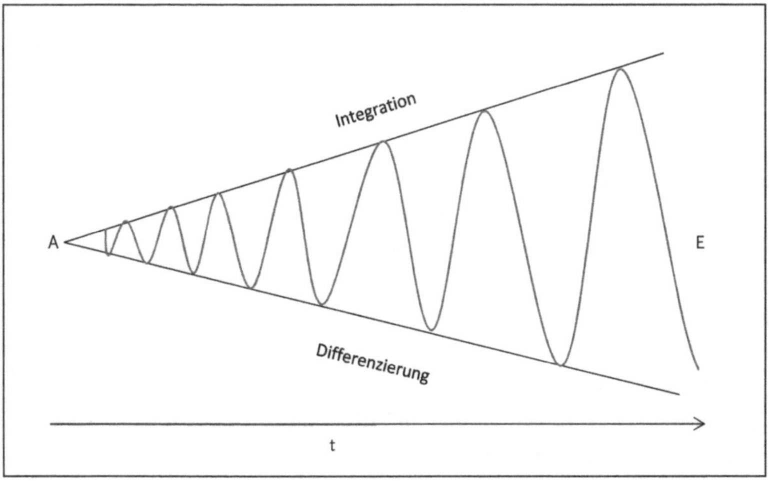

Abb. 7: Integrations- und Differenzierungsmodell (eigene Darstellung in Anlehnung an König u. Schattenhofer 2015)

Dieses Modell macht deutlich, dass es in der Gruppenentwicklung keinen zu erreichenden Idealzustand gibt, sondern dass eine Gruppe sich stetig verändert und weiterentwickelt. Sicher sind Anfang (A) und Ende (E), dazwischen bewegt sich die Gruppe in schwer vorherzusehenden Entwicklungskurven, in denen sie sich zum Beispiel mit Rollen, Normen, Status und Macht befasst.

Das Modell Integration/Differenzierung kann gut zusammen mit dem oben stehenden Fünf-Phasen-Modell gedacht werden. Dann sind die Phasen »Orientierung«, »Vertrautheit«, »Konsolidierung« sowie »Trennung und Abschied« mehr dem Pol »Integration« zugewandt; »Positions- und Rollenklärung« wie auch »Differenzierung« entsprechen dem Pol »Differenzierung«.

Gruppenmitglieder kommen neu dazu oder verlassen die Gruppe

Wenn ein Mitglied die Gruppe verlässt oder – wie im obigen Beispiel – ein neues Mitglied dazukommt, ist das nicht einfach »Alt minus oder plus eins«, sondern es handelt sich um einen erneuten Anfang. Die bestehende Gruppe hat ein ganzes Gruppenleben entwickelt inklusive offizieller und inoffizieller Normen, die mit dem Eintritt eines neuen Mitglieds vielleicht infrage gestellt werden. Auf jeden Fall wird das Rollengefüge jetzt neu geordnet. Die Gruppe braucht Zeit sowie hilfreiche Interventionen der Lehrperson, damit sie diese Arbeit auf der gruppendynamischen Ebene bewältigen kann. Wenn die Gruppe in der neuen Zusammensetzung Vertrauen aufbauen kann und – im Fall des Hinzukommens – der neue Schüler einen guten Platz findet, kann Zusammenarbeit gelingen und die damit verbundene Leistungsfähigkeit in der Klasse erhalten bleiben.

Wenn in einer Gruppe schon so viel Stabilität bestand wie im obigen Beispiel, werden die Phasen der neuerlichen Gruppenentwicklung jedoch schneller durchschritten sein, als wenn eine Klasse ganz neu zusammenkommt.

Hypothesen

Zur Situation mit dem neuen Schüler Sandro lassen sich folgende Hypothesen aufstellen, die mögliche Szenarien in der Zukunft beschreiben: Könnte es sein, dass ...

- die Klasse in ihrer Arbeitsfähigkeit zurückfällt, weil sich alles neu formieren muss?
- Sandro sich auffällig verhalten wird, bis er einen Platz in der Gruppe gefunden hat?
- Sandro auch den Lehrer »testen« wird, bis er Sicherheit hat, dass er hier wohlgelitten sein wird?
- Sandro in Fettnäpfe treten wird, bis er weiß, was hier an Normen und abgemachten Klassenregeln gilt?
- Sandro zum Außenseiter gemacht werden könnte, weil er älter und woanders zur Schule gegangen ist?
- Spaltungstendenzen »Wir Alten« vs. »Du Neuer« auch deshalb in der Klasse auftreten, weil alle unter Druck sind mit den Übertrittsthemen?

Interventionsmöglichkeiten

Ralph Müller tut gut daran, den Neueintritt von Sandro gründlich vorzubereiten und zu begleiten, auch wenn Sandro durch seine äußere Erscheinung nicht auffallen würde. Die Zeit, die die Lehrperson hier »verliert«, wird später um ein Mehrfaches aufgeholt werden, weil das neue Klassengefüge funktioniert. Ralph Müller muss sich der Drucksituation bewusst sein, in der alle (auch er selbst) stehen, und sich klar werden darüber, dass Sandro noch kein Vertrauen in den neuen Lehrer haben kann – das sind wichtige Gedanken, die seine Haltung beeinflussen und die bereits integrativ wirken.

Es braucht Zeit und Raum für ein gegenseitiges Kennenlernen. Dazu gibt es verschiedene Möglichkeiten, die schon präventiv gegen das Außenseiterphänomen wirken. Die dafür gewählte Methode soll auch für die 21 bisherigen Klassenkameraden spannend sein:

- Bereits vor dem Neueintritt von Sandro schreibt ihm jeder Schüler einen Brief mit einer Kurzvorstellung von sich und einer ihm wichtigen Regel der Klasse.
- Buchstabenmethode: Eine Schachtel mit einem Stapel von Buchstabenkarten geht im Kreis herum. Jedes Kind zieht, ohne zu schauen, drei Karten. Zu diesen drei gezogenen Buchstaben findet es je einen Begriff, der etwas über sein Wesen oder sein Leben aussagt und mit dem jeweiligen Buchstaben beginnt.
- Sich anhand eines Gegenstandes aus der Schultasche vorstellen.
- Anonyme Kurzbiografien schreiben lassen, danach erraten lassen, wer das jeweils sein könnte.
- Des Weiteren ist es sinnvoll, den Klassenkontrakt erneut zu thematisieren. Einerseits ist es eine Möglichkeit der Überprüfung für die Gruppe (Was gelingt uns, was noch nicht?), andererseits eine Einführung für Sandro (Was gilt hier?). Die Frage, welche Punkte noch neu werden dazugenommen müssen, lohnt sich immer, gerade auch, weil dieses letzte Halbjahr einen speziellen Charakter hat.
- Falls die Schülerinnen und Schüler scheinbar in alte Muster zurückfallen, die Ralph Müller als überwunden betrachtet hatte, sind Ärger oder Enttäuschung fehl am Platz. Die Umkehrbewegungen zwischen den Polen »Integration« und »Differenzierung« bedeuten Auseinandersetzungsmomente. Sie sind wichtig für die Weiterentwicklung der Gruppe und nicht als Rückfälle zu betrachten.
- Wenn sich, wie hier im Beispiel, abschätzige Bemerkungen im Klassenchat zeigen, muss dies bearbeitet werden. Es geht darum, aktiv gegen Ausgrenzung und Außenseiterstigmatisierung vorzugehen. Genauso wichtig ist es, Schülerinnen und Schüler zu bestärken, wenn sie neues, produktives Rollenverhalten zeigen.

Oft unterschätzt wird, welche Bedeutung eine Verabschiedung hat, insbesondere für die »Hinterbliebenen«. Indem man einem scheidenden Gruppenmitglied einen würdigen Abschied bietet, kann sich die Gruppe zu einem Neuanfang finden, sie wird durch solch einen Anlass auch zusammengeschweißt. Das Vertrauen gegenüber der Lehrperson wächst, es wird deutlich, dass es ihr nicht egal ist, wenn jemand geht. Deshalb folgen zum Abschluss einige Vorschläge zur Verabschiedung eines Gruppenmitgliedes:

- einander gute Wünsche auf den Weg mitgeben (Karten schreiben)
- symbolische Dinge basteln für die Zukunft
- Reminiszenzen an den gemeinsamen Weg spielerisch darstellen
- humoristischer »Austrittstest«
- Würdigung des Vergangenen mit dem austretenden Gruppenmitglied
- Abschiedssong.

Nachdem ein Mitglied gegangen ist, die Diskussion in der Klasse führen:

- Was verändert sich, wenn er oder sie nicht mehr da ist; wollen wir Neues vereinbaren?

Im Anhang findet sich eine Anleitung für soziometrische Tableaus, mit denen Anfangssituationen (auch mit großen Gruppen und mit Erwachsenen) gestaltet werden können.

5 Sparen oder Fördern

Wir sollten alles gleichermaßen vorsichtig wie auch zuversichtlich angehen.
Epiktet

Ereignis

Der siebenjährige Mehmet fällt durch sein stilles Verhalten auf. Er kommt meist alleine in die Schule. Auf dem Pausenplatz zieht er sich stets in die gleiche Ecke zurück. Kommen ihm andere Kinder bei ihrem Spiel zu nah, rennt er weg. Im Unterricht spricht er kaum, und wenn, dann sehr leise. Oft scheint er verträumt und abwesend. Die anderen Kinder lassen ihn zwar in Ruhe, sie kümmern sich aber nicht aktiv um ihn; er gerät in gewissem Sinne in Vergessenheit. So wird er auch meist erst am Schluss ausgewählt, wenn es um Partner- oder Gruppenarbeiten geht. Auch bezüglich Ausdauer und Kreativität fällt er aus dem Rahmen. Mehmet erbringt sehr schwache schulische Leistungen. Lehrerin Sabrina Paulsen hat deshalb einen Test durch die schulische Heilpädagogin Nina Weiss durchführen lassen. Diese ist besorgt; es wurde dabei offensichtlich, dass die Lernschwäche und die Auffälligkeiten nicht auf die Fremdsprachigkeit zurückzuführen sind, und sie erachtet eine schulpsychologische Abklärung als unabdingbar. Die Eltern, das Ehepaar Ibrahimi, wehren sich beim entsprechenden Gespräch vehement gegen eine solche Abklärung. Sie finden, dass ihr Sohn einfach ein bisschen scheu sei und dass sich das irgendwann von selbst lösen werde. Zu Hause sei Mehmet nämlich nicht so zurückhaltend und streite hie und da mit seiner Schwester. Ebenso löse er zu Hause schwierige Puzzles. Da beide Eltern arbeiten, sind die Kinder oft sich alleine überlassen. Sabrina Paulsen und Nina Weiss haben den Schulleiter Lukas Kuhn über die Situation informiert. Sie möchten, dass die schulpsychologische Abklärung angeordnet wird. Der Schulleiter hat abwehrend reagiert und darauf hingewiesen, dass die finanziellen Ressourcen für sonderschulische Maßnahmen bereits ausgeschöpft seien und eine spezielle Schulung sowieso nicht möglich sei. In der Folge gab Nina Weiss Sabrina Paulsen verschiedene Tipps, wie sie Mehmet auch ohne Abklärung fördern könnte. Dem nun anberaumten Rundgespräch sieht Sabrina Paulsen mit Sorge entgegen. Sie vermutet, dass der Schulleiter und die Heilpädagogin sich hinter ihrem Rücken abgesprochen haben.

Rolle und Normen

Man ist geneigt, zunächst über die erzieherischen Aspekte, die fehlende Kooperation der Eltern oder über die Sparpolitik der Schule zu lamentieren. In der Tat sind das wichtige Punkte. Hier soll jedoch die Zusammenarbeit innerhalb des Schulhausteams im Fokus stehen.

Rolle und Funktion

Die Rolle umschreibt die Summe von Erwartungen, welche die Mitglieder einer Gruppe an das Verhalten des Inhabers einer bestimmten Position haben (s. Antons, Ehrensperger u. Milesi 2019, S. 68). Rollen werden unterschieden nach:

- Funktionsrollen, die zur Erfüllung von Sachaufgaben innerhalb von Gruppen notwendig sind. Diese Zuordnung hilft in der Zusammenarbeit, bei der Verfolgung eines Ziels. Wer welche Aufgabe und Funktion hat, ist im Berufsbereich auf dem Papier meist eindeutig. Die Funktionsrollen erkennt man an den Titeln (Lehrerin, Schulleiter, Schulsozialarbeiterin usw.). Für sie gibt es in der Regel ein Pflichtenheft: Die Lehrerin ist die Vermittlerin von Wissen und Kompetenzen, der Schulleiter übernimmt die operative und pädagogische Leitung der Schule, und die Schulsozialarbeiterin unterstützt das Schulhausteam wie auch Kinder und Eltern bei diversen Schwierigkeiten und in der Präventionsarbeit. Die klar definierte Zuordnung von Rollen erleichtert das In-Beziehung-Treten in Gruppen; alle wissen, was sie von den anderen erwarten können und was von ihnen selbst erwartet wird. Zumeist benötigt eine Gruppe zur Erfüllung einer Aufgabe eine Führungsrolle. Sie muss zugeordnet und dann auch ausgeübt werden.
- Erhaltungs- und Aufbaurollen: Personen, welche eine solche Rolle einnehmen, sorgen dafür, dass die Gruppe gut funktioniert, auf das Ziel hinarbeitet und dass die Gruppe selbst erhalten bleibt. Sie versuchen, die Befindlichkeiten der Gruppenmitglieder zu erfassen und auf sie einzugehen; sie beziehen andere mit ein; sie halten sich an bestehende Regeln. Ebenso versuchen sie, Spannungen zu vermindern, gegebenenfalls für gute Stimmung zu sorgen und Lösungen (auch Kompromisse) einzubringen. Diese Verhaltensweisen tragen zur Erhöhung der Toleranz bei, reduzieren Spannungen und wirken angstvermin-

dernd. Alle diese Funktionen oder Handlungen sind übrigens auch Führungsfunktionen.

- Rollen, die Spannung anzeigen: Solche Rollen beinhalten Handlungen wie (unter anderem) sich auflehnen, sich zurückziehen, blockieren, für Widerspruch sorgen, Beachtung suchen, die eigene Meinung oder Idee durchsetzen, Schuldige benennen. Auch die Suche nach Sympathisanten (zur Bildung von Subgruppen) und aggressives Verhalten oder das Äußern von Feindseligkeiten gehören dazu. Diese Funktionen erscheinen auf den ersten Blick oft nur rein negativ. Es ist jedoch hilfreicher, solche Verhaltensweisen als Symptome dafür wahrzunehmen, dass die Gruppe Dinge ausblendet. Gerade Provokationen können dazu führen, dass es zu einem reinigenden Gewitter kommt, welches die Gruppe weiterbringt.

Die Funktionsrollen sind meist formell zugeordnet. Bei den Aufbau- und Erhaltungsrollen wie auch bei den Rollen, welche in einer Gruppe Spannungen erzeugen, ist das meist nicht so; hier spricht man von informellen Rollen. Schnell werden in einer Gruppe von jedem Einzelnen wie auch von Untergruppen zum Beispiel die Angepassten und Nörgler, die Sündenböcke oder Unschuldigen, die Fleißigen oder Faulen definiert: »XY ist wieder einmal unzufrieden!« – »Wenn wir lange genug warten, wird YZ die Aufgabe schon übernehmen.« Solche Zuordnungen können zwar zutreffend sein, führen aber zu spezifischen Verhaltensweisen, die, wenn sie nicht diskutiert werden, zu Spannungen führen, welche mit sachlichen Themen nichts zu tun haben. Das macht wiederum deutlich, dass die informellen Rollen meist ein viel breiteres Spektrum abdecken als die formellen und dementsprechend einen großen Einfluss darauf haben, wie gut eine Gruppe funktioniert.

Als logische Regel kann man festhalten, dass jede Gruppe besser funktioniert, wenn die Mitglieder sich ihrer jeweiligen Funktionsrolle bewusst sind und sie auch wahrnehmen. Aufbau- und Spannungsrollen hingegen sind nicht fest einzelnen Personen zuzuordnen; diese Rollen können je nach Situation, Thema oder Aktivität wechseln.

Normen

In der Gesellschaft und somit auch in der Schule besteht eine Vielzahl offizieller Normen. Sie sind in Gesetzen, Verordnungen, Lehrplänen, Leitbildern oder Schulordnungen festgelegt.

Grundsätzlich unterscheidet man zwischen Leistungs- und Verhaltensnormen. In den Leistungsnormen wird beispielsweise festgehalten, welche Lernziele die Schülerinnen und Schüler einer Klasse erreichen sollten, welche Lehrmittel verwendet werden müssen. In Verhaltensnormen stecken oft ebenfalls Leistungsfaktoren, zum Beispiel in Fragen der Zusammenarbeit oder des Lernverhaltens.

Das Festlegen von Normen ist eine anspruchsvolle Aufgabe, gehen doch gerade in pädagogischen Fragen die Meinungen weit auseinander. Das genaue Festlegen von Leistungsnormen innerhalb des Lehrplans oder bei der Frage der Beurteilung von Schülerarbeiten ist nicht einfach. Noch schwieriger wird es bei den Verhaltensnormen, insbesondere wenn es um konkrete (Alltags-)Probleme geht: »Wann und wie reagiere ich auf Störungen?« – »Wie gehe ich mit Lob oder Tadel um?« – »Was heißt konsequentes Handeln, respektive wie viel Spielraum gebe ich meinem Gegenüber?« Und, auf das Ereignis hier bezogen: »Ab wann und unter welchen Voraussetzungen sollen Schüler Unterstützung erhalten?« Solche Fragen lassen sich im Einzelfall manchmal klären; oft werden sie aber gar nicht oder nur ansatzweise angesprochen. Hier öffnet sich neben den offiziellen Normen ein großes Feld an inoffiziellen Normen. Sie bestimmen den Alltag weit stärker als die offiziellen. So kann im Schulhausteam zum Beispiel die vereinbarte Haltung »Ich bringe meine Meinung ein« von der inoffiziellen Regel »Unserer Schulleitung widersprechen wir besser nicht« verdrängt werden. Solche unausgesprochenen Regeln sind oft nicht allen bekannt.

Hypothesen

Sabrina Paulsen stellt sich Fragen, mit denen sie ihre unguten Gefühle und ihre Hoffnungslosigkeit in Bezug auf die Zusammenarbeit innerhalb des Schulhausteams genauer zu ergründen sucht. Erst wenn die Rollen und Funktionen wie auch die Normen zwischen den beteiligten Schulmitarbeitern geklärt sind, ist eine gelingende Zusammenarbeit mit den Eltern möglich.

Hypothesen zur Zusammenarbeit mit der Schulleitung: Könnte es sein, dass ...

- Lukas Kuhn findet, Sabrina Paulsen stelle zu hohe Ansprüche bezüglich Leistungsentwicklung der Schüler?
- der Schulleiter aus der Sicht von Sabrina Paulsen gegenüber Eltern oft zu wenig konsequent deren Mitarbeit einfordert?

- die Schulleitung sich nach diesem Gespräch vom Fall zurückzieht und Sabrina Paulsen wieder auf sich alleine gestellt ist?
- der Schulleiter sich kritisiert fühlt, wenn Sabrina Paulsen ihre Bedürfnisse anmeldet?
- Lukas Kuhn die fehlenden finanziellen Ressourcen als Vorwand nimmt, um sich nicht mit anspruchsvolleren Themen auseinandersetzen zu müssen?

Die ersten beiden Hypothesen deuten auf eine Differenz bezüglich der Normen hin, bei der dritten steht die Rollenerfüllung des Schulleiters zur Frage – und bei der vierten und fünften Hypothese müsste genauer geklärt werden, wo die Empfindlichkeiten in der Beziehung zwischen Sabrina und Lukas liegen. Falls sie hier grundsätzliche Bedenken hat, wird sie das in einem Einzelgespräch mit Lukas Kuhn zu klären versuchen.

Doch auch in der Zusammenarbeit mit der Heilpädagogin stellen sich Fragen. Könnte es sein, dass ...

- der Umfang der Betreuung durch Nina Weiss aus der Sicht von Sabrina Paulsen zu gering ist?
- der Austausch zwischen Sabrina Paulsen und Nina Weiss zu wenig spontan erfolgen kann?
- Sabrina Paulsen durch die Tipps der Heilpädagogin den Eindruck bekommt, dass diese sich zu schnell beeinflussen lässt vom Schulleiter?

Mit diesen Hypothesen wird Sabrina Paulsen bewusster, was ihren unguten Gefühlen zugrunde liegt und welche Erwartungen sie an Lukas Kuhn und Nina Weiss hat. Diese Gedanken wird Sabrina Paulsen beim notwendigen Rundgespräch mit den beiden ansprechen müssen.

Interventionsmöglichkeiten

Sabrina Paulsen sollte ihre Befindlichkeit an den Anfang des Gesprächs stellen. Ein Vorschlag zur Formulierung könnte sein: »Zuerst möchte ich sagen, dass ich unsicher bin, ob das Gespräch hier etwas bringt, weil ...« Dann könnte sie ihre Vermutungen darlegen. Mit dem Ansprechen nimmt sie sich und ihre Befindlichkeit ernst und wird – wenn eine Klärung möglich ist – in Bezug auf den Verlauf des Gesprächs eine gute Basis schaffen. Wichtig ist, Ich-Botschaften zu verwenden, denn sie lassen dem Gegenüber den Freiraum, einen Fakt auch anders sehen zu dürfen. Diese Diskussion muss nicht ewig dauern. Sollten gewisse Punkte nicht geklärt werden können, kann ein späteres Gespräch unter vier Augen vereinbart werden.

Anschließend muss es um die Situation mit Mehmet gehen. Dabei sollten Ziele formuliert werden. Sie stellen eine (Leistungs-)Norm dar, welche hier sein könnte: Mehmet kann sich besser in die Gemeinschaft integrieren und bessere Leistungen erbringen.

Anhand der Diskussion einiger konkreter Beispiele aus dem Schulalltag (am besten solcher, welche Sabrina Paulsen stark belasten oder fordern) soll klar werden, wie die Haltung der drei Beteiligten ist. Sabrina Paulsen muss hier darauf achten, dass sowohl Nina Weiss wie auch Lukas Kuhn ihren Standpunkt verstehen und sie in ihrer Arbeit unterstützen werden. Oft tangieren diese Diskussionen inoffizielle Normen sowohl der Schule wie auch der drei Beteiligten; es ist wichtig, dass sich hier alle drei einigen können, wie sie weiter vorgehen.

Zum Schluss des runden Tischs gehört – wenn nicht schon routinemäßig für alle klar – die Zuteilung der zu erledigenden Aufgaben wie auch des Zeitplans. Dazu kann durchaus auch gehören, wann nochmals über die hier diskutierten Punkte gesprochen wird.

Im Anhang findet sich eine Checkliste »Gesprächsführung in der Schule – Elterngespräche«, die aufzeigt, welche Aspekte zu berücksichtigen sind.

6 Rauchen auf dem Schulareal

Was wir erblicken, hängt davon ab, wie wir hinschauen.
Tara Bennett-Goleman

Ereignis

In der großen Pause sind Luca, Sophie und Paul hinter dem Geräteschuppen beim Rauchen ertappt worden. Zwei weitere Schülerinnen haben sich ebenfalls dort aufgehalten und sich mit ihnen unterhalten. Luca, Sophie und Paul bilden eine verschworene Clique. Als Untergruppe (Subgruppe) in der Klasse kapseln sie sich ab. Sie geben sich »cool« und zeigen das auch mit ihrer flippigen, den schulischen Vorgaben nicht ganz entsprechenden Kleidung. Dass sie immer die neuesten elektronischen Gadgets zur Verfügung haben, zeichnet sie zusätzlich aus. Auch verstoßen sie häufig gegen die Schulregeln. Werden sie wie hier ertappt, zeigen sie wenig Einsicht und reagieren eher abwehrend oder trotzig. Sie brüsten sich damit bei den anderen Jugendlichen. Sanktionen nehmen sie relativ gelassen zur Kenntnis und wehren sich nur, wenn sie sich dabei gegenüber anderen Jugendlichen benachteiligt fühlen.

Status, Normen und Subgruppen

Bei der Beobachtung einer Gruppe und bei ihrer Diagnose ist neben den im vorhergehenden Kapitel 5 angeführten Normen und Rollen *der Status* von großer Bedeutung. Jede Gruppe hat ein Rangsystem, welche die Beziehungen zwischen den Gruppenmitgliedern prägt. Dabei erhalten die Gruppenmitglieder von den jeweils anderen einen Status zugesprochen. Wie bei den Normen und Rollen kann hier zwischen formellem und informellem Status unterschieden werden: Die Klassensprecherin beispielsweise wird formell gewählt. Viele andere erhalten durch ihr Verhalten einen informellen Status: Stören des Unterrichts, Witze machen und blödeln, bei jedem Unfug dabei sein oder im Unterricht gut mitmachen und fleißig lernen führen zu einem Statusgewinn oder -verlust.

Folgende Kriterien (unter anderen) ermöglichen eine genauere Umschreibung des Status:

- Länge der Zugehörigkeit
- Äußere Erscheinung: körperliche Konstitution, Aussehen, Kleidung
- Materielle Aspekte (wie Taschengeld, Mofabesitz, Kleider usw.)
- Kreativität: Wer leistet etwas Besonderes für die Clique oder Klasse, wer ist originell oder einfallsreich?
- Spezielle Fähigkeiten (Sport, Musik usw.)
- Beziehungsrang: Wer hat viel zu sagen, wem hört man zu, wer beeinflusst die Entscheidungsfindung, wer kümmert sich um andere – oder umgekehrt eben nicht?
- Hohe Selbstsicherheit respektive Ausstrahlung von Autonomie: Wer widersetzt sich vorgegebenen Regeln; wer weiß, wo es langgeht?
- Soziale Schicht und beruflicher Hintergrund der Eltern.

Unruhe und Zwistigkeiten entstehen vor allem dann, wenn zwei oder mehrere Personen einen bestimmten Sonderstatus erlangen möchten: Wer ist der oder die Mutigste, Frechste, Bravste, Lustigste, Mächtigste? Einen solchen Status kann nur *eine* Person innehaben. Wenn mehrere dasselbe tun oder gleiche Interessen haben, erlangt diese Subgruppe einen Statusgewinn oder -verlust: die Coolen, die Streber, die Anhänger eines bestimmtenFußballclubs oder eines Musikstars usw. Ihre gegebenenfalls eigenen Normen müssen aber nicht mit den Normen der ganzen Klasse übereinstimmen. Wie bei der Frage der Machtposition braucht es bezüglich des Status zwei Seiten: die Person oder Gruppe, welche ihr besonderes Verhalten zeigt, und das Umfeld, welches ihr den Status verleiht.

Gerade im Kindes- und Jugendalter dreht sich vieles um die Frage: »Welchen Status möchte ich haben, wie kann ich ihn erlangen und beibehalten?«

Das Thema »Status« muss immer im Zusammenhang mit Rollen und Normen gedacht werden und hat viel mit den Aspekten »Zugehörigkeit« und »Macht« respektive »Außenseitertum« und »Unterordnung« zu tun (siehe Kap. 1). So können in Bezug auf die rauchenden Jugendlichen und die Mitanwesenden etliche Hypothesen aufgestellt werden.

Hypothesen

Könnte es sein, dass ...

- sich die fünf Jugendlichen zu einer Subgruppe entwickelt haben, weil sie sich im ganzen Klassenverband keinen herausragenden Status schaffen können?
- sie, indem sie sich von den anderen absondern, zeigen möchten, dass sie den Rest der Klasse uninteressant finden?
- sich die fünf – oder zumindest die drei Raucher – als etwas Besseres fühlen? Erwarten sie einen Statusgewinn, indem sie sich trauen, gegen Regeln zu verstoßen?
- sie wenig auf Sanktionen reagieren, weil sie sich nichts mehr erhoffen – oder sind die Einwände in Bezug auf die ungerechte Behandlung ein Hilfeschrei nach Zuwendung oder Zugehörigkeit?
- die beiden nichtrauchenden Jugendlichen in der Rauchergruppe akzeptiert sind, weil sie andere Statussymbole vorweisen? Und wenn ja, welche? Oder will man signalisieren, dass die Subgruppe nicht so erstarrt und geschlossen ist und andere mit ins Boot holen möchte?

Interventionsmöglichkeiten

In diesem Buch geht es nicht darum, die Flut von Beeinflussungen der Industrie zu diskutieren. Es ist aber bemerkenswert, wie gerade die Suchtmittelindustrie seit jeher mit der Vermarktung von Statussymbolen arbeitet: mit Wohlstand, Freiheit, Gelassenheit, Attraktivität oder alternativer Lebensweise. Das allein macht deutlich: Rauchen hat neben dem Suchtaspekt immer auch einen sozialen Bezug, welcher innerhalb einer Schule oder einer Klasse zum Thema gemacht werden muss. So sollte also das Ertappen der drei Schülerinnen und Schüler zum Anlass für eine Diskussion mit der ganzen Klasse genommen werden. Unter anderem geht es darum, die Symbolik deutlich zu machen: Heute wie früher sind rauchende Schülerinnen und Schüler zumeist darum bemüht, den Status der Autonomie, des Erwachsenenseins, der Coolness zu erlangen. Die Frage, wie sie ihn auch auf eine andere Weise erlangen können, ist für alle wichtig.

Lehrer sind Repräsentanten einer institutionellen Macht, ihr formeller Status ist klar. Allerdings werden rauchende Schüler an Macht und Autorität der Lehrpersonen kratzen. Ein Kampf, bei dem es um

Gewinner und Verlierer geht, ist nicht anzustreben. Im Umgang mit Jugendlichen darf es nicht das Ziel sein, mittels Machtdemonstrationen eine Veränderung zu erwirken; schlicht auch deshalb, weil es nicht möglich ist (Omer u. von Schlippe 2010, S. 43). Eine Demontierung der rauchenden Schülerinnen und Schüler ist nicht ratsam; allzu schnell solidarisieren sich andere mit ihnen.

Es muss abgewogen werden, was bezüglich des konkreten Verhaltens der fünf Jugendlichen im Klassenverband besprochen werden kann und was nicht. Je mehr dies in der Klasse geschieht, umso mehr können die gruppendynamischen Aspekte (anhand der Hypothesen) diskutiert werden. Es besteht jedoch die Gefahr, dass eine allzu starke Exposition der fünf als Bloßstellung empfunden wird, was einer Machthandlung entsprechen würde. Vielmehr hilft es, die Sorge – allenfalls auch das Mitgefühl – zum Ausdruck zu bringen, dass diese Kinder und Jugendlichen sich selber schaden.

Dennoch ist selbstverständlich, dass im Sinne der Präventionsarbeit Maßnahmen erfolgen sollen, welche alle Jugendlichen kennen – und dass bei solchen Vorfällen alle Jugendlichen die Umsetzung der Maßnahmen auch sehen: Die Eltern müssen (und zwar auch, wenn sie tolerieren, dass ihre Kinder rauchen) informiert werden, ebenso die Schulleitung und die Schulsozialarbeit.

Bei der Suche nach und der Wahl von Maßnahmen sollen die Aspekte, welche die Lehrperson im Gespräch mit den Betroffenen und den allenfalls beigezogenen Fachleuten in Erfahrung gebracht hat, mitberücksichtigt werden. Es geht bei den gewählten Interventionen wiederum nicht um Machtdemonstration oder Moralkeule, sondern um die Sorge, dass sich die rauchenden Jugendlichen selbst schaden. Interventionen, welche eine Wiedergutmachung für das Fehlverhalten gegenüber den Schulhausregeln beinhalten (zum Beispiel Mithilfe bei der Reinigung der Schule in der Freizeit oder das Backen eines Kuchens für die Klasse) sind sinnvoller. Die Gespräche mit den Jugendlichen wie auch die Maßnahmen müssen spürbar machen, dass den Schülern nicht die Beziehung gekündigt, sondern lediglich ihr Verhalten (= dass sie rauchen) nicht toleriert wird.

7 Der Systemsprenger

Und plötzlich treten Sie mental hinter oder neben sich
und schauen sich selbst beim Unterrichten über die Schulter!
Sie fragen sich: Was tue ich da eigentlich ...?
Hilbert Meyer

Ereignis

Die Kindergärtnerin Laura Neumann ist stark gefordert. An einen friedlichen und »normalen« Betrieb ist seit dem Start des Kindergartenjahres nicht zu denken. Der kürzlich zugezogene fünfjährige Leon ist kaum zu bändigen. Stillsitzen im Kreis ist für ihn fast nicht möglich, er ruft oft drein, und Frau Neumann muss immer darauf achten, dass er die anderen Kinder nicht schubst oder haut. Beim freien Spiel behält sie ihn im Auge, denn er bleibt selten lange an seinem ihm zugeteilten Platz und stört dann die anderen Kinder bei ihrem Spiel. Manchmal verlässt er das Areal, und Frau Neumann hat keine andere Wahl, als die übrigen Kinder zu vernachlässigen, damit sie Leon wieder zurückholen kann. Ohne stete Aufsicht dauert es nur kurze Zeit, bis andere Kinder weinend zu Frau Neumann kommen, weil Leon sie geplagt hat oder sich nicht an die Regeln hielt. Dies alles zumeist ohne plausiblen Grund und auch ohne ersichtliche Provokation durch andere Kinder. Ermahnungen oder auch Schimpfen, Zureden, das Versetzen auf andere Plätze oder das Suchen nach Aufgaben, die ihn motivieren, haben keine dauerhaften Veränderungen bewirkt. Leon zeigt sich zumeist unzugänglich und trotzig.

Mit den Eltern, Herrn und Frau Klammer, haben bereits zwei Elterngespräche stattgefunden. Dort berichteten sie, dass zu Hause keine Probleme bestehen. Sie bezeichneten ihren Sohn als »unseren Liebling«. Nebenbei wurde deutlich, dass Leon viele Stunden an der Spielkonsole verbringt. Die Vereinbarung von Laura Neumann mit den Eltern, dass die digitalen Spielzeiten auf eine halbe Stunde pro Tag begrenzt werden, wurde offensichtlich nicht konsequent umgesetzt. Auch die zweite Abmachung, dass die Eltern eine Erziehungsberatung in Anspruch nehmen, ist nicht in die Wege geleitet worden.

Laura Neumann hat schon bald die Schulsozialarbeiterin Emma Roth beigezogen und auch die Schulleitung informiert. Emma Roth hat den Kindergarten besucht und beobachten können, dass die

Kindergärtnerin nicht übertrieben hat. Sie hat versucht, mit Leon in Beziehung zu kommen, er verhielt sich aber bockig. Auch Schulleiter Bert Nauer hat dem Kindergarten einen Besuch abgestattet, bei dem sich Leon verhältnismäßig ruhig verhalten hat. Dennoch lud er zu einem Elterngespräch ein, dies vor allem auch wegen Reklamationen anderer Eltern. Laura Neumann befürchtet jedoch, dass sich nichts verändern wird.

Wahrnehmung und systemische Betrachtungsweise

Dieses Beispiel eignet sich dazu, sich mit Fragen zur eigenen Wahrnehmung auseinanderzusetzen. Obwohl man sich schon mit Sinnestäuschungen befasst hat: Im sozialen Kontext wird die Relativität der eigenen Wahrnehmung vergessen (Antons, Ehrensperger u. Milesi 2019, S. 105 ff.). Dabei eröffnen die Interaktionen zwischen zwei Personen unendlich viele Möglichkeiten des Verstehens und Interpretierens. Wenn man sich dessen bewusst ist, bleibt kein anderer Weg, als die eigene Wahrnehmung stetig zu hinterfragen und zu schulen. Dies bedeutet aber auch, sich mit seiner eigenen Geschichte und der »Macht der inneren Bilder« auseinanderzusetzen (Hüther 2015). Anhand von *vier Aussagen* soll die Wahrnehmung von Laura Neumann untersucht und in einen systemischen Kontext gebracht werden.

Erste Aussage: Wir machen unsere Wahrnehmung sehr oft viel zu schnell zur ganzen Realität!

Die Faktenlage scheint für Laura Neumann klar. Leon stört den Kindergartenalltag auf nicht tragbare Weise. Die Eltern kooperieren nicht und schieben das Problem auf den Kindergarten oder die Kindergärtnerin ab. Die anderen Kinder kommen zu kurz – es muss bald etwas geschehen. Denn auch ohne Leon ist Laura Neumann beansprucht. Die 22 Kinder fordern ihre ganze Aufmerksamkeit und Präsenz. Zum Glück erhält Laura Neumann Unterstützung durch die Beschwerden der anderen Eltern, ohne sie würde wohl nicht viel passieren.

Zum Pessimismus von Laura Neumann vor dem Gespräch können noch zahlreiche weitere Aspekte beitragen. Da wäre zuerst einmal die Situation und die darauf aufbauende Stimmung im Lehrteam dieser Schule. Folgende Fragen stehen im Raum: Wie oft kommt es zu solch schwierigen Begebenheiten? Wird im Kollegium darüber diskutiert –

und wie? Wird über die gesellschaftlichen Verhältnisse gejammert und auch darüber, wie das Schulsystem mit der Inklusion versagt? Ist die Haltung im Team, dass »von oben« etwas geschehen müsse? Und, falls ja, was tut das Team, damit das auch geschieht? Wird gemeinsam konstruktiv nach Möglichkeiten gesucht, sich gegenseitig zu unterstützen? Wie oft werden positive Erfahrungen und Erlebnisse ebenso in den Mittelpunkt gestellt wie diese wirklich schwierige Situation? Werden Erfolge einzelner Lehrer oder des Teams genügend gewürdigt?

Dazu kommt die Zusammenarbeit von Laura Neumann mit der Sozialarbeiterin und dem Schulleiter: Besteht eine Vertrauensbasis, oder sind gegenseitig Unsicherheiten im Raum? Ärgert sich Laura Neumann, dass für den Schulleiter bei seinem Besuch nicht offensichtlich wurde, wie Leon sich im Alltag verhält? Oder fragt sie sich, ob das einen spezifischen Grund hat?

Eine weitere Ebene, die es noch genauer zu betrachten gilt, ist die Welt der Familie von Leon und, konkreter noch, von seinen Eltern. Gab es nach den ersten beiden Gesprächen gar keine Verbesserung in der Situation? Und falls doch, wodurch wurde sie bewirkt, und wie lange hat die positive Veränderung angehalten? Sind bereits andere Kinder dieser Familie im Kindergarten oder in der Schule – und wie geht es mit ihnen?

All dies beeinflusst Laura Neumanns Stimmungslage. Sie führt innere Monologe, die Angelegenheit beschäftigt sie Tag und Nacht. Die Vorstellungen, die dabei entstehen, lassen die Dinge schlimmer erscheinen, als sie sind – und vor allem: Sie sind hinderlich bei der Lösungsfindung.

> Zweite Aussage: Wir vernachlässigen, dass auch wir selbst ein Teil des Systems sind.

Wenn Laura Neumann die Kinder beobachtet, vernachlässigt sie schnell, dass auch ihr Verhalten eine Wirkung auf das Geschehen hat. Sie ist einerseits Teil des Geschehens und andererseits auch eine Beobachterin. Zusätzliche Belastungen wie das Verhalten von Leon erschweren es, aus dieser Ebene herauszutreten und den ganzen Kindergarten inklusive ihrer Klassenführung von außen oder oben zu betrachten. Simon (2018, S. 31) nennt diese Beobachtung von außen »Beobachter 2. Ordnung«. Vergleichbar wäre dies mit der Situation eines Trainers: Auch wenn er an der Seitenlinie steht, er bleibt doch ein Teil des Mannschaftsverhaltens. Ein Beobachter 2. Ordnung wäre eine zusätzliche Person, die vom Stadiondach aus auch das Verhalten des Trainers sieht. Als mitbeteiligte Person eine solche Perspektive einzunehmen ist schwierig und gleichzeitig notwendig. Die folgende Abbildung soll dies verdeutlichen:

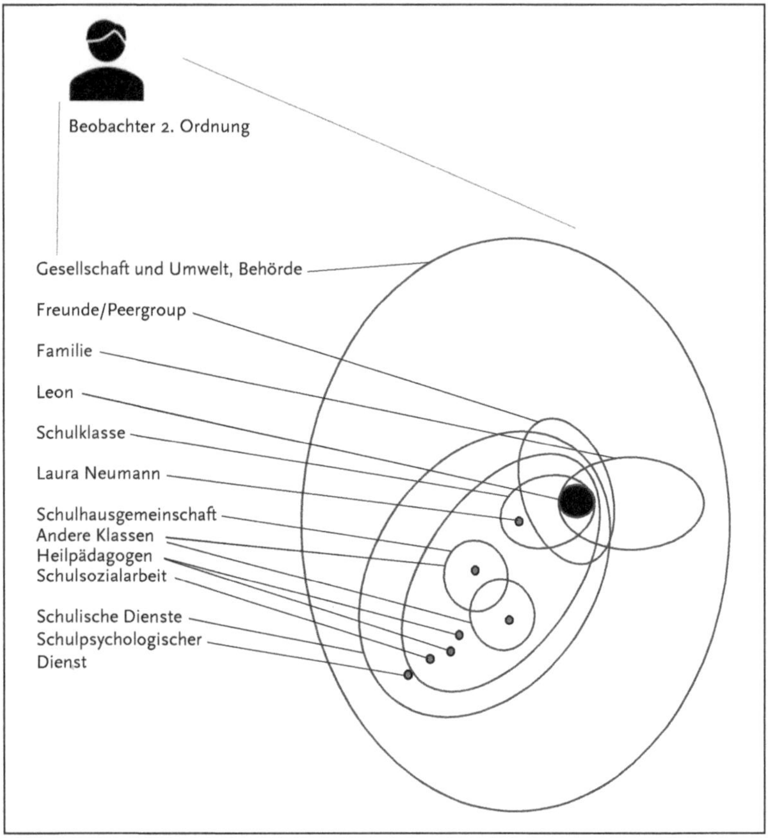

Abb. 8: Der Beobachter 2. Ordnung

> Dritte Aussage: Übertragungen beeinflussen die eigene Wahrnehmung.

Genauso, wie die eigene Wahrnehmung zur Realität gemacht wird, passiert es, dass man meint, sich in einer schon einmal erlebten Situation wiederzufinden (vgl. dazu auch König u. Schattenhofer 2015, S. 104). In der Tat ist es im Kindergarten- oder Schulalltag gut möglich, dass sich gewisse Dinge wiederholen, Verhaltensweisen von Kindern sich gleichen. Die Schwierigkeit besteht jedoch darin, dass aufgrund von früheren Erfahrungen die neue Situation gleich beurteilt wird wie eine zurückliegende und alte Gefühle aus der damaligen Konstellation hervorgerufen werden. Diese sogenannte Übertragung erschwert eine unvoreingenommene Betrachtungsweise.

Übertragungen spielen immer auch bei den Eltern eine große Rolle. Welche Schulerfahrungen haben sie gemacht? Waren sie gute oder »brave« Schüler, oder war eher das Gegenteil der Fall? Und welche Erfahrungen haben sie allenfalls schon mit anderen Kindern und deren Kindergärtnerinnen oder Lehrerinnen gemacht? Diesen Aspekten wird oft wenig Rechnung getragen.

> Vierte Aussage: Der Zusammenhang zwischen unserer Wahrnehmung und unserem Handeln ist uns zu wenig bewusst.

Die logische Folge der ersten drei Aussagen ist, dass das eigene Handeln oft zu wenig reflektiert ist. Oftmals erfolgt lediglich eine Reaktion auf gerade Geschehenes und nicht eine wohlüberlegte Aktion. Selbstverständlich geht es nicht darum, alle Handlungen zuerst auf den Prüfstand zu stellen. Spontaneität und damit auch Raum für Fehler oder Fehlhandlungen müssen vorhanden sein. Doch gerade bei schwierigen Konstellationen, wie hier eine vorliegt, ist eine Reflexion der eigenen Wahrnehmung und der daraus folgenden Handlungsweise wichtig.

Hand aufs Herz: Störten Sie sich am Titel dieses Kapitels? »Der Systemsprenger« fokussiert das Problem hauptsächlich auf den Jungen. Mit den vier Aussagen wurde nun deutlich, dass mit dieser einseitigen Betrachtungsweise wohl kaum eine Verbesserung der Situation herbeigeführt werden kann.

Hypothesen

Stellvertretend für die vielen möglichen Betrachtungsweisen in Bezug auf alle beteiligten Personen und Begebenheiten sollen hier lediglich einige Hypothesen zu den unguten Gefühlen von Laura Neumann aufgelistet werden. Dabei geht es nicht um Fragen zu ihrer Beziehung zu Leon, sondern um Aspekte, welche ihre Stimmungslage sonst noch negativ beeinflussen könnten. Allein diese Liste zeigt schon, wie vielfältig die Ursachen sein können.

Bezüglich der Klassensituation im Kindergarten: Könnte es sein, dass Laura Neumann ...

- selbst eine harmonische Schulzeit verbracht hat und sich deshalb ihren Berufsalltag als Kindergärtnerin anders vorgestellt hat?
- einen hohen Anspruch hat, allen Kindern gerecht zu werden, und ihn nun nicht erfüllen kann?
- noch keine Erfolgserlebnisse mit solch schwierigen Situationen haben konnte?
- selbst ein braves und angepasstes Kind war und sich ein solches Verhalten nicht erklären kann?

Bezüglich der Eltern von Leon: Könnte es sein, dass Laura Neumann ...

- die wenig kooperative Haltung der Eltern als Provokation erlebt?
- zu wenig hartnäckig ist beim Einfordern von Elternaufgaben?
- den Vater als ebenso autoritär erlebt wie damals ihren eigenen?

Bezüglich der Situation im Schulhausteam: Könnte es sein, dass ...

- im Team Fatalismus herrscht, der auch Laura Neumann beeinflusst?
- man in diesem Team keine Probleme haben darf?
- im Team die Meinung vorherrscht, dass solch schwierige Situationen mit auswärtigen Platzierungen gelöst werden sollen?
- im Team noch Möglichkeiten dafür geschaffen werden müssten, schwierige Situationen aufzufangen?
- andere Lehrer die Familie Klammer auch sehr schwierig finden?

Bezüglich der ganzen Situation: Könnte es sein, dass Laura Neumann ...

- Leon eine Veränderung seines Verhaltens nicht zutraut?
- aufgrund früherer Lebenserfahrungen in solchen Situationen Ohnmachtsgefühle und Pessimismus entwickelt?

- nicht genügend zu ihren Bedürfnissen stehen kann?
- sich gegenüber ihren Kolleginnen und Kollegen schämt, weil sie die Situation nicht alleine in den Griff kriegt?

Interventionsmöglichkeiten

Im Fokus stehen hier die Wahrnehmung und die darauf aufbauende Gefühlslage von Laura Neumann. Mit dem Ansatz der »Theorie zum Bewusstheitsrad« (Antons, Ehrensperger u. Milesi 2019, S. 134 ff.) können sowohl sie selbst wie auch das ganze Schulhausteam arbeiten. In der Abbildung 9 wird das hier Umschriebene verdeutlicht:

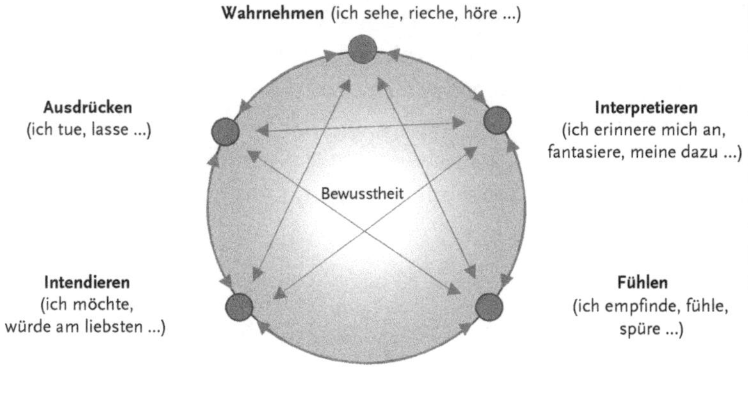

Abb. 9: Das Bewusstheitsrad (Antons, Ehrensperger u. Milesi 2019, S. 134; Abdruck mit freundlicher Genehmigung des Hogrefe-Verlages)

Bei diesem Ansatz geht es darum, nicht einfach nur wahrzunehmen und zu handeln, sondern sich folgende Reihenfolge anzutrainieren:

Wahrnehmen (ich sehe, höre, rieche, schmecke, taste, spüre, empfinde): Mit den fünf Sinnen und auch der Frage nach innen versucht Laura Neumann sich bewusst zu werden, was die Geschehnisse um sie herum bei ihr auslösen.

Interpretieren: In Form von Assoziationen, Fantasien, Annahmen, Deutungen und Ähnlichem gibt sie ihrer Wahrnehmung einen Zusammenhang: Was hat sie in ähnlicher Form schon erlebt, was kommt ihr bekannt vor, was ist mit der aktuellen Situation vergleichbar?

Fühlen: Laura Neumann fühlt ständig etwas. Zumeist ist sie sich dessen nicht bewusst und macht sich das auch nicht bewusst. Deshalb geht es in diesem Schritt darum, sowohl ihre Innenwahrnehmung wie auch mögliche Außenwahrnehmungen zu eruieren und die damit verbundenes Gefühlsqualität zu bestimmen.

Intendieren: Laura Neumann will auch etwas tun. Von welchen Impulsen sind diese Absichten geleitet? Welches Ziel verfolgt sie?

Ausdrücken: Mit welcher Aussage oder mit welchem Verhalten will sie ihre Absicht oder ihr Ziel verfolgen? Sie legt sich eine oder mehrere Möglichkeiten für ihr konkretes Tun zurecht.

Es braucht Zeit dafür, diesen Handlungskreis einzuüben. Laura Neumann kann ihn nicht nur bei Leon anwenden, sondern auch im Umgang mit den Eltern, der Schulsozialarbeiterin und dem Schulleiter.

Zudem: In solch anspruchsvollen Situationen ist eine Inter- oder Supervision empfohlen. Im Anhang werden einige Beispiele möglicher Intervisionsarbeit aufgeführt.

Ebenso muss überlegt werden, ob Maßnahmen für eine Deeskalation und Entlastung des Klassensystems ergriffen werden müssen. Im Anhang sind Konzepte und Vorlagen für kurz- und längerfristige Auszeiten enthalten.

8 Die nächste Schulreform steht an

Nicht die Dinge, sondern unsere Gedanken über die Dinge beunruhigen uns.
Epiktet

Ereignis

Schulreformen, kleinere und größere, wirken auf den Schulalltag ein. Dies unabhängig vom Thema der jeweiligen Veränderung. Auch die neueste Reform wird im Lehrteam des Schulhauses Burgrain heftig diskutiert. Die meisten finden die Neuerung unnötig, einige meinen, es handle sich um eine Verschlechterung im Vergleich zu vorher. Auf der dafür anberaumten Sitzung geht es darum, wie die Reform im Schulhaus eingeführt werden kann. Die Schulleiterin Fiorenza hat sich mit dem Thema vertieft auseinandergesetzt, zudem eine Informationsveranstaltung besucht, ein Konzept für die Einführung erstellt und kommt nun mit den Details auf die Sitzung. Sie kann der Reform einige positive Aspekte abgewinnen. Schon im Vorfeld malt sich Fiorenza aus, wie die »Großwetterlage« sein wird, und sie fragt sich, ob das »Tief Harry« wieder aufziehen werde. Tatsächlich reagiert der Teamkollege Harry auf der Sitzung wie erwartet: Er ist empört über das Neue, das Bewährtes kaputt mache, und findet die Reform eine weitere Ungeheuerlichkeit von Politik und Behörden. Mit seinem Unwillen zieht er einige andere mit sich, die nun mehr oder weniger laut murren. Claire hingegen seufzt, es sei Energieverschwendung, wenn man sich gegen Obligatorisches dermaßen sträube, und vielleicht könne man im Neuen auch Chancen sehen. Michael findet, zunächst müsste man das Neue doch ausprobieren und erst dann könne man über die Folgen sprechen. Etwa ein Drittel der Anwesenden schweigt, ihre Gemütslage ist ihnen nicht anzusehen.

Fiorenza hatte sich vorgenommen, die Ablehnung nicht persönlich zu nehmen. Trotzdem merkt sie, wie sie ungeduldig wird. Am liebsten würde sie jetzt ein Machtwort sprechen und die Diskussion abklemmen, denn die Reform ist Tatsache, und man kann sich nicht dagegen aussprechen. Sie spürt auch einen Impuls, an das Kollegium zu appellieren im Sinne von: »Bewegt euch doch mal, Systemwechsel sind etwas Wichtiges, man kann doch nicht mehr unterrichten wie im 19. Jahrhundert.« Sie tut dies nicht, merkt aber ihren inneren Unwillen gegenüber dem Beharren von Harry.

Umgang mit Heterogenität, illustriert am Riemann-Thomann-Modell

Das hier vorgestellte Modell ist nicht ein direkt gruppendynamisches, es hilft aber, Differenzen in der Gruppe verstehen und besprechen zu können. Die Gruppendynamik sieht sich als diejenige Disziplin, die dazu verhilft, mit Unterschieden gut umgehen zu können – weil Unterschiede als Unterschiede verstanden werden und nicht als Wertung.

Fritz Riemann geht in seinem Buch *Grundformen der Angst* (Erstausgabe 1961) davon aus, dass alle Menschen Ängste haben, dass diese Ängste jedoch nicht negativ zu verstehen sind. Vier Grundforderungen stellt das Leben seiner Meinung nach an jedes Individuum:

- Sei individuell (Distanz): *ich*
- Kommuniziere mit anderen (Nähe): *wir*
- Schaffe dir Sicherheit (Dauer): *Struktur*
- Erobere Neuland (Wechsel): *Grenzen überschreiten.*

Jedes Individuum reagiert auf diese Anforderungen unterschiedlich. Schulz von Thun erläutert das so:

> »Im Allgemeinen lassen sich [...] vier verschiedene menschliche Grundausrichtungen beobachten: das Bedürfnis nach Nähe (z. B. zwischenmenschlicher Kontakt, Harmonie, Geborgenheit), nach Distanz (z. B. Unabhängigkeit, Ruhe, Individualität), nach Dauer (z. B. Ordnung, Regelmäßigkeiten, Kontrolle) und nach Wechsel (z. B. Abwechslung, Spontaneität, Kreativität).«

Christoph Thomann hat das Modell von Riemann weiterentwickelt, das nun als Riemann-Thomann-Kreuz bekannt ist:

> »Jeder Mensch muss sich im Verlauf seines Lebens immer wieder mit allen vier Forderungen nach Abgrenzung, Beziehungsfähigkeit, Dauerhaftigkeit und Wandlungsbereitschaft und den durch sie geweckten existenziellen Grundängsten vor Einsamkeit, Selbstverlust, Unbeweglichkeit und Chaos auseinandersetzen« (Stahl 2017, S. 241).

Grafisch lässt sich das so wie folgt darstellen:

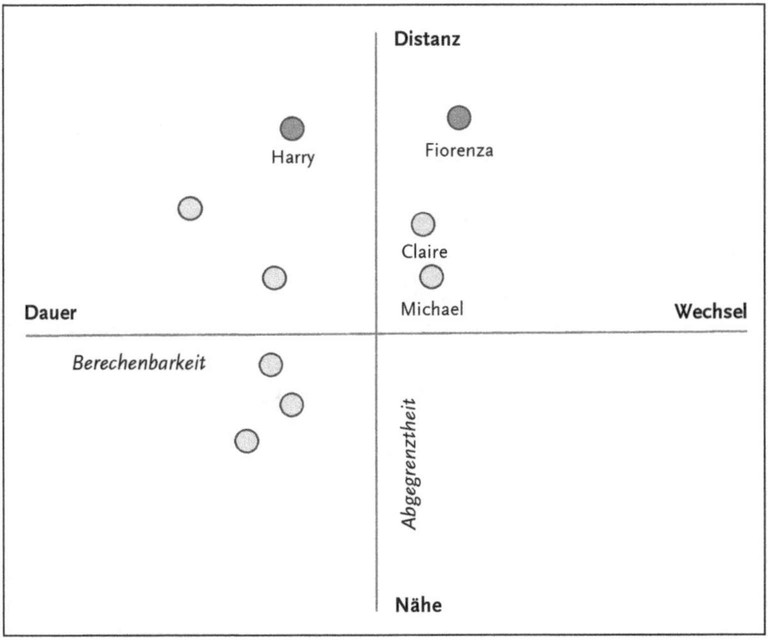

Abb. 10: Das Riemann-Thomann-Kreuz. Es bildet sich aus den zwei Dimensionen Distanz/Nähe (Abgegrenztheit) und Dauer/Wechsel (Berechenbarkeit)

In der Abbildung 10 sind Fiorenza und Harry eingezeichnet, wie man sie sich aus dem beschriebenen Ereignis vorstellen könnte, dazu einige weitere Mitglieder des Lehrteams.

Sich selbst nimmt jeder Mensch als »normal« wahr. Im Zusammenleben mit anderen Individuen fällt auf, dass das Gegenüber anders »tickt«, andere Bedürfnisse nach Nähe oder Distanz bzw. Dauer oder Wechsel hat. Sobald das für ein Individuum verkraftbare Ausmaß an Nähe/Distanz bzw. Dauer/Wechsel unter- oder überschritten wird, gerät es aus dem Gleichgewicht und befindet sich außerhalb des »seelischen Heimatgebietes« (Stahl 2017). Das eigene Gegenteil (»Schatten«), das einem durch einen Kollegen gezeigt wird, nimmt man je nach der eigenen momentanen Verfassung als bedrohlich oder attraktiv wahr.

Komplementäre Gegenbewegungen könnte man mit dem Bild einer »Mischbatterie« beschreiben. Die Beiträge des Gegenübers wirken wie Abkühlung oder Aufheizung. Damit wir die eigene Wohlfühltemperatur wieder erreichen, werden wir dem »Kalt-« bzw. »Warmwasserstoß« des Visavis entgegenwirken und mit eigenen Aussagen aus dem »Gegengebiet« ausgleichen. Das könnte bedeuten, dass ein Kollege, der Distanz mag, beim Zusammentreffen mit einer Kollegin, die noch viel distanzierter ist, mit Aussagen reagiert, die Wärme und Nähe signalisieren.

Eine konflikthafte Polarisierung kann entstehen, wenn wir angespannt sind und mit Krisen und Missstimmungen umgehen sollten. Dann ist es möglich, dass ein Teufelskreis entsteht, in dem die Menschen sich gegenseitig polarisieren und einander in den »seelischen Extremismus« treiben (Stahl 2017). Die entsprechenden Ausprägungen von Harry und Fiorenza in Abbildung 11 sollen dies verdeutlichen.

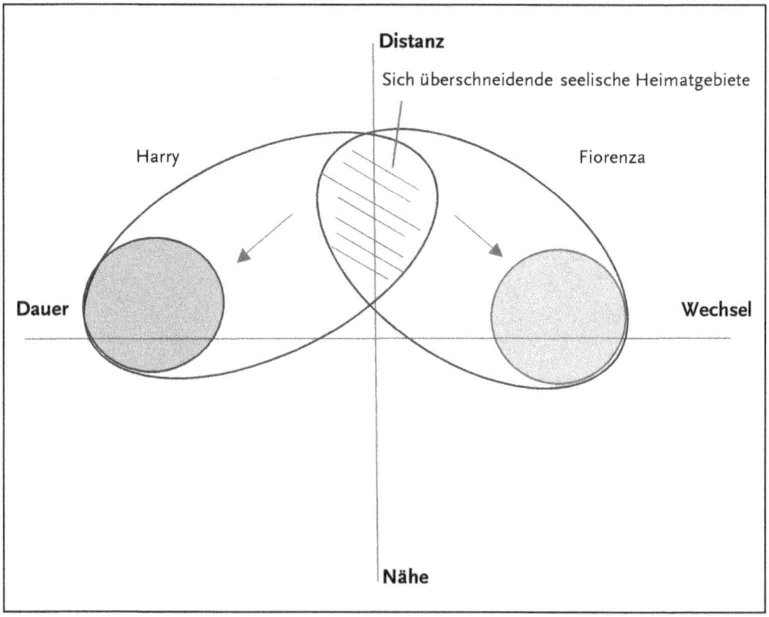

Abb. 11: Polarisierung: Fiorenza und Harry haben überschneidende seelische Heimatgebiete (schraffiert); unter Belastungsdruck verstärken beide ihre unterschiedlichen Teile

Dauert ein Konflikt länger an, entsteht ein »Teufelskreis« (Stahl 2017, S. 257 ff.), in dem sich die beiden nur noch ihre diametral entgegengesetzten Verhaltensweisen zeigen (Harry die extreme Dauer, Fiorenza den ausgeprägten Wechsel). Gefahren lauern mehrere: Der Teufelskreis erlaubt Eskalation, verhindert eine echte Beschäftigung mit der Lösungssuche und macht Projektionen möglich. Je länger ein Teufelskreis sein Unwesen treibt, desto schwerer ist er aufzulösen. Ihn zu durchbrechen ist aber möglich! Wenn die Muster des vermeintlichen nur Aufeinander-Reagierens erkannt werden, können zerstrittene Paare oder Gruppen zu Einsicht kommen und ihr Gesprächsverhalten ändern. Wieder selbst handlungsfähig werden und nicht hilfloses Opfer bleiben ist auf der Haltungsebene das Erste. Sich interessieren für die Beweggründe des Gegenübers, erklären, was einen selbst beschäftigt, aktiv zuhören, ausdauernd dranbleiben und verstehen wollen sind dann die Handlungen, die daraus resultieren.

Hypothesen

Könnte es sein, dass ...

- Harrys Tendenz zu Dauer und Distanz geht (siehe Abb. 10)?
- Fiorenza Wechsel und Distanz mag?
- Harry und Fiorenza also überschneidende Heimatgebiete haben, unter Belastungsdruck aber in die Gegenbewegung gehen (siehe Abb. 11)?
- in diesem Team gerade mehrere Mitglieder dauerhafte Verhältnisse mögen, weil ihnen Unsicherheit und ungewohntes Vorgehen suspekt sind?
- einige zu Perfektionismus neigen und lieber gewohnte Vorgehensweisen verbessern, statt Liebgewonnenes über Bord zu werfen?
- einige Überforderung fürchten, dies aber nicht so deutlich benennen wollen?
- eine größere Gruppe im Team Nähe und Dauer als ihr Heimatgebiet bezeichnen würde?

Interventionsmöglichkeiten

Die Gesellschaft wandelt sich und somit auch die Schule. Damit nicht immer wieder die gleichen energieraubenden Diskussionen geführt werden, lohnt es sich, im Rahmen des Weiterbildungskonzeptes der Schule die Konstellation im Lehrteam zu betrachten.

In einer ersten Weiterbildung im Team könnte eine Selbsteinschätzung mit dem Riemann-Thomann-Kreuz (siehe Anhang) vorgenommen werden. So würde klar, welche Unterschiede in diesem

Kollegium bestehen und welche »seelischen Heimatgebiete« vorhanden sind. An aktuellen Beispielen könnte man auch »Mischbatterie« oder »Teufelskreis« aufzeigen. Wichtig: Es gibt alle individuellen Ausprägungen – und es geht nicht um Richtig oder Falsch. Hilfreich ist es, nicht von »Typen« zu reden, denn Etikettierung ist nicht das Ziel. Vielmehr geht es darum, die Teamkultur zu analysieren. Siehe dazu im Anhang S. 119 die Unterlage »Teamkultur«.

Möglicherweise entstehen erhellende Diskussionen über die Gründe, warum man Lehrer geworden ist: Stehen im Kollegium besonders viele Personen bei Dauer bzw. Nähe, weil Empathie und Berechenbarkeit in diesem Beruf sehr wichtig sind? Ebenso wollen viele Lehrpersonen Sicherheit vermitteln. Macht vielleicht auch deshalb das Thema »Wechsel« Mühe?

In der Folge der Weiterbildung oder zu Beginn einer pädagogischen Konferenz könnte weiteren Fragen nachgegangen werden: »Wie könnten wir Verständnis entwickeln für die Aussagen der anderen?« »Wie können wir alte Muster verlassen?« »Wie könnten wir lösungsorientiert und aktiv statt zynisch und passiv an die Sache herangehen?« (vgl. Urner 2019).

Im konkreten Beispiel der Schulreform, die ja nicht abgewendet werden kann, geht es darum, die eigene Handlungsfähigkeit zu entwickeln und zu behalten, sonst gerät man in eine Opferhaltung:

- Wie/Wo können wir uns ausreichend informieren (lassen)?
- Gibt es auch Vorteile im Neuen?
- Wo gibt es Nischen oder Freiräume bei dieser Reform?
- Könnte man Arbeitsgruppen schaffen, in denen diejenigen Lehrpersonen mitarbeiten, denen diese je spezifischen Aufgabenfelder liegen? Damit könnten die Einzelnen sich als handlungsfähig erleben und ihre Interessen und Neigungen in den unterschiedlichen Aufträgen einbringen.

9 Wer kommt am besten an?

Ich bin immer bereit zu lernen, aber nicht immer, mich belehren zu lassen.
Oscar Wilde

Ereignis

Ob in größeren oder in kleineren Schulhäusern: Die Kolleginnen und Kollegen bekommen einiges voneinander mit und vergleichen sich. Eltern erachten die eine Lehrerin als die bessere, weil sie neue Unterrichtsmethoden benutzt (und darüber spricht), weil sie tolle Exkursionen und Schullager durchführt oder mehr Kinder ins Gymnasium bringt. Schulhausintern kommen Lehrer besonders gut an, wenn sie Schulanlässe organisieren, Engagement im Team zeigen oder spezielle Fähigkeiten oder Hobbys aufweisen. Aussehen oder Jugend können ebenfalls Konkurrenzgefühle auslösen. Auch wenn das Thema »Konkurrenz« allgegenwärtig ist, wird nur selten darüber gesprochen. Die Wirkung von Konkurrenz ist immer spürbar, zeigt sich aber häufig nur unterschwellig in Form von Spannungen, abschätzigen Sprüchen, im Zurückhalten von Informationen oder Material. Konkurrenz kann sich auch positiv auswirken, wenn das Kollegium durch Anregung und Austausch weiterkommt.

Konkurrenz und Rollen

Das Thema »Konkurrenz« wird unterschätzt. Konkurrenz zieht sich durch alle gruppendynamischen Themen. Es geht nicht nur um Sieg und Niederlage oder um Macht, sondern stets auch um weitere Aspekte wie Zugehörigkeit, Rolle und Status. Persönliche Befindlichkeiten und das Bedürfnis nach Anerkennung und Zuneigung wirken sich auf die Dynamik im Team und in der ganzen Schulgemeinde aus. Auch wenn Lehrpersonen von sich sagen, sie stünden drüber und Konkurrenz belaste sie nicht, kann man davon ausgehen, dass Rivalität im Untergrund dennoch wirkt. Damit sie nicht unbeachtet wuchern kann, lohnt sich die Betrachtung der damit verbundenen unangenehmen Gefühle und Auswirkungen.

Das Wort *concurrere* bedeutet »zusammen um die Wette laufen«. Das kann man auch verstehen als *con*-currere, also *zusammen* = *mit*-

einander laufen. Das würde dann heißen, dass man Konkurrenz auch positiv deuten kann, als Möglichkeit zu sagen »Das mache ich auch«, »Ich lerne davon, wie du es machst«; oder »Wir beide finden zusammen noch bessere Lösungen als die bisherigen«. So kann Konkurrenz beflügeln und zu ausgezeichneten Resultaten führen. In solchen Fällen spricht im Alltag niemand mehr von Konkurrenz, sondern von gegenseitiger Anregung.

Nicht alles ist in einem Team diskutierbar. Damit Rivalität im Team besprechbar wird, könnten zum Beispiel unterschiedliche Rollenausprägungen erhoben und betrachtet werden.

Oft treffen komplementäre Rollen aufeinander, also Menschen, die ihre unterschiedlichen Herangehensweisen gut kombinieren können. Wenn sich hingegen zwei auf genau dasselbe verlegen und sich dann mit Verfahrens- und Lösungsideen überbieten, kann das zur gegenseitigen Behinderung führen. Im Modell der Teamrollen nach Belbin (1981) findet sich eine gute Erklärungsmöglichkeit für konkurrentes Verhalten. Wenn zwei oder mehrere Personen im Team ähnliche Rollenpräferenzen haben und bei diesem einen Rollenverhalten bleiben, wird deutlich, dass sie sich wahrscheinlich hie und da auf den Füßen herumstehen. Weil Menschen aber laut Belbin alle mindestens drei Rollen in Teams gut ausfüllen können, ist es ein Leichtes, auf etwas anderes auszuweichen, das das Gegenüber vielleicht nicht so beherrscht. *Rollenflexibilität* lautet das Zauberwort! So können sich alle wieder entfalten.

Hypothesen

Könnte es sein, dass …

- besonders pflichtbewusste Lehrpersonen für Gefühle des Nichtgenügens anfällig sind?
- das Thema »Konkurrenz« moralisch belastet ist, deshalb lieber weggedrückt wird und nur negativ konnotiert ist?
- den Lehrpersonen die unterschiedliche Persönlichkeit des Gegenübers auffällt und sie stört, hingegen das Bewusstsein für die unterschiedlichen Rollen nicht ausgeprägt ist?
- es wenig Anerkennung von der Schulleitung gibt?
- innerhalb des Teams wenig positive Rückmeldungen gegeben werden?

- auf Fehler stark geachtet wird und sie genüsslich im Team ausgebreitet werden?
- der Leistungsanspruch generell hoch ist?

Interventionsmöglichkeiten

Eine Möglichkeit ist es, im Teamzimmer die verschiedenen Rollenpräferenzen nach Belbin (1981) im Team zu erheben. Es gibt verschiedene Tests, die man unkompliziert durchführen kann. Eine Stunde reicht für Darstellung und Besprechung. Weil es sich nur um Arbeitsrollen in Teams handelt und nicht um einen Persönlichkeitstest, ist das gut machbar. Danach kann man die Ausprägungen im Team aufzeigen und mit dem Team darüber ins Gespräch kommen. Eine Anleitung dazu findet sich in Antons, Ehrensperger und Milesi (2019, S. 263).

Das positive Hervorheben von Unterschieden im Handeln macht diese Unterschiede interessant oder sogar wichtig und nicht mehr gefährlich. Gelassenheit im Umgang, auf Sand im Getriebe nicht verurteilend reagieren, sondern schauen, wie die Zusammenarbeit gefördert werden kann, das lohnt sich; und darauf achten, dass immer wieder andere Kolleginnen und Kollegen miteinander in Arbeitsgruppen sind, damit sich keine »erstarrten Subgruppen« bilden, die leicht Feindbilder voneinander aufbauen könnten. Feedback geben ist wichtig, nicht nur vom Schulleiter an die Lehrpersonen, sondern auch unter ihnen.

Ein guter Umgang mit Fehlern wird für das Zusammenleben unabdingbar sein. Abwertende Bemerkungen sollen nicht zur vorherrschenden Gesprächskultur gehören. Im Gegenteil: Fehler als Möglichkeiten des Lernens sehen. Genauso wie in den Klassen kein Auslachen, sondern respektvoller Umgang miteinander gefördert wird, soll das im Teamzimmer gelebt werden.

10 Intervision im Team

Grundsätzlich lassen sich Störungen als Umgang mit Andersdenkenden, mit Ungeplantem, mit Überraschungen beschreiben. Demgegenüber lässt sich die These aufstellen, dass ein reibungsloser Seminarverlauf und pflegeleichte Teilnehmer nicht unbedingt Kreativität und Produktivität fördern.

Horst Siebert

Ereignis

Im Lehrteam einer mittelgroßen Schule wird viermal pro Jahr in einem dafür reservierten Zeitrahmen eine Intervision durchgeführt. Das heißt, dass in Gruppen zu sieben Lehrpersonen Situationen besprochen werden, welche die Einzelnen beschäftigen. Die Gruppen haben dafür einen Ablauf gefunden, der es ihnen erlaubt, in 60 Minuten einen Fall zu besprechen und davon zu profitieren.

Silvia berichtet zu Beginn kurz, wie sich ihr Fall, den sie in der letzten Intervision geschildert hatte, außerordentlich positiv weiterentwickelt hat. Sie konnte die verschiedenen Ideen der Kolleginnen und Kollegen umsetzen. Nach diesem Bericht geht es darum, wer ein neues, aktuelles Thema einbringen möchte. Niemand meldet sich. Die Stille lastet schwer. Alle schauen aneinander vorbei. Welch eine Diskrepanz zu den Pausen im Lehrerzimmer, in denen oft die Rede von Schwierigkeiten ist! Alexander überlegt, ob er die Situation mit Antonia, einer Schülerin, die durch ihre Dominanz auffällt, vorbringen soll. Er zögert jedoch, denn die Eltern des dominanten Mädchens sind Juristen, in der Kleinstadt wohlbekannt und gut vernetzt. Zudem fragt Alexander sich, was die anderen denken, wenn er mit einem vergleichsweise banalen Thema allein nicht zurechtkommt. Er befürchtet, als inkompetent eingestuft zu werden. Und schließlich war er schon vorletztes Mal Fallgeber. Obendrein sitzt auch Vera in der Runde, welche die Parallelklasse führt, nie Fragen hat und für alles sofort eine Lösung bereithält. Alexander scheint es nun fraglich, ob sein »Fall« überhaupt etwas hergibt. Das alles bremst ihn, und er schweigt.

Status, Normen, Vermutungen

Auch in der Dynamik des Lehrteams spielt der Status eine große Rolle (siehe Kap. 6). Der Begriff »Status« wird mehrdeutig verwendet. Im gruppendynamischen Zusammenhang ist damit ein Rangsystem mit hohen und niedrigen Positionen in einer Gruppe gemeint. Ein Gruppenmitglied bekommt von den anderen Gruppenmitgliedern einen Status zugesprochen, selbst kann man sich ihn nicht geben.

Ein Lehrer, der als Quereinsteiger in den Lehrberuf kam und vorher ein großes Team in der Privatwirtschaft führte, bekommt vielleicht von seinem Kollegium einen hohen Rang zugesprochen, weil er bereits außerhalb der Schule eine Karriere hinter sich hat. Möglicherweise gibt es für die eine Kollegin Statusgewinn, weil sie sportlich national erfolgreich war. Eine andere Kollegin wird immer wieder als Pianistin für schulische Anlässe angefragt. Statusverlust kann sich einhandeln, wer auf der pädagogischen Konferenz ausufernd argumentiert oder wer in den Pausen jeden Tag ausführlich über neue körperliche Beschwerden berichtet.

Das Thema »Status« muss immer im Zusammenhang mit Rollen und Normen gedacht werden und hat viel mit den Aspekten *Zugehörigkeit* und *Macht* zu tun.

Schweigen ist oft ein Zeichen für Schwierigkeiten innerhalb der Gruppe. Wenn geschwiegen wird, lädt das zu vielen Deutungen und Annahmen ein, die später zu einem Konflikt führen können.

Gruppen werden arbeitsfähig, wenn solche Situationen ins Zentrum der Diskussionen rücken dürfen. Somit könnte die inoffizielle Norm »Du sollst dich stark zeigen und keine Fälle einbringen müssen« erkannt und beseitigt werden.

Peter Heintel, der österreichische Gruppendynamiker, schreibt, dass ohne Reflexion »sich Gruppen tatsächlich in naturwüchsiger Bewusstlosigkeit verhielten und organisierten« (1974, S. 119).

Hypothesen

Könnte es sein, dass ...

- im Kollegium schnell herablassend gedacht wird über Kolleginnen und Kollegen, die zugeben, dass sie nicht alles ganz leicht bewältigen?
- Alexander konkret befürchtet, die Kolleginnen und Kollegen hielten ihn für inkompetent, wenn er so ein »einfaches« Thema nicht handhaben kann?
- im Kollegium die offizielle Norm heißt: »Intervision ist gut und nützlich«, die inoffizielle Norm dagegen lautet: »Du sollst dich stark zeigen und keine Intervisionsfälle haben«?

- in diesem Kollegium Fehlermachen als Charakterschwäche angeschaut wird, auch wenn in den Leitideen die Schule als lernende Organisation beschrieben ist?
- Veras Verhalten andere zum Schweigen bringt?
- Alexanders Bedenken, einen Fall einzubringen, in ähnlicher Form auch in anderen Köpfen herumgeistern?
- Alexander fürchtet, die Diskretion werde nicht gewahrt, und Antonias Eltern, die sehr viel Ansehen (Status) im Ort haben, würden von dieser Fallbesprechung erfahren?

Interventionsmöglichkeiten

Wenn es gelingt, dass Individuen und Gruppen die Vorgänge im Team zum Reflexionsthema machen, ist man nicht mehr abhängig, sondern kann die Geschicke selbst in die Hand nehmen und gestalten:

- Alexander formuliert seine Bedenken laut.

Wenn Alexander seine Befürchtung, man könnte ihn für inkompetent halten, formuliert, verstehen die Kolleginnen und Kollegen, was ihn gerade innerlich bewegt, und es fällt ihnen leichter, ihre gleich oder anders gelagerten Bedenken ebenfalls zu äußern.

- Eine Kollegin könnte den Mut aufbringen und ihr Erstaunen äußern, dass in der Pause mühelos von schwierigen Situationen berichtet wird, und jetzt, da Zeit und Raum wäre, sich niemand meldet.

Die Gruppe spricht darüber, dass es ein Zeichen von Stärke und kein Makel ist, wenn man Fälle bringt, von denen alle lernen können. Das heißt, die Mitglieder entdecken die inoffizielle Norm, die sie zögern lässt, Fälle einzubringen, und verändern diese Norm. Sie werden zurückhaltend mit belehrend wirkenden Bemerkungen.

- Zum Schweigen von Vera: Auf der Arbeitsorganisationsebene intervenieren (siehe Schichtenmodell in S. 21): Die Intervisionsgruppe macht sich zur Vorgabe, dass jede Person zum Beispiel innerhalb eines Jahres einmal einen Fall bringt.
- Eine Kollegin sieht Alexanders Mimik und fragt behutsam nach, ob ihn noch etwas beschäftige. Das gibt ihm die Möglichkeit, sich zu äußern, und ein Gespräch kann so in Gang kommen.

- Alexander spricht seine Unsicherheit an, ob die Diskretion gewährleistet ist.

Konkrete Bedenken anzumelden ist nützlich und wichtig. So wissen die anderen, was im Sprechenden vorgeht. Abmachungen (offizielle Normen) werden wieder in Erinnerung gerufen.

Weiter muss hier angefügt werden, dass die Zeit von 60 Minuten sehr kurz ist. 90 Minuten sind sinnvoll, damit Themen ausführlich bearbeitet werden können.

Fest im Jahresplan verankerte Intervisionssitzungen sind durchaus sinnvoll, sie können aber nicht den ganzen Bedarf an pädagogischem Austausch abdecken. Es müssten im Schulalltag Zeiträume für spontane Intervisionen vorhanden sein, damit akute Themen sofort besprochen werden können.

Auch zu bedenken ist, ob eine erste Bearbeitung außerhalb des Schulsystems nicht ergebnisreicher und druckfreier wäre. Oft ist es dort einfacher, zu Klarheit zu kommen. Es soll nicht der Anspruch erhoben werden, es sei alles im eigenen Team bearbeitbar.

11 Gruppendynamik digital

Merkt auf, merkt auf! Die Zeit ist sonderbar.
Und sonderbare Kinder hat sie: uns!
Hugo von Hofmannsthal

Ereignis

An einer Weiterbildung äußern mehrere Lehrpersonen dieselbe Sorge: »Wir sind damit beschäftigt, dass unsere Schüler im Unterricht nicht einschlafen. Wegen ihrer nächtlichen Dauerpräsenz im Netz sind sie konstant übermüdet und nehmen ihre schulischen Aufgaben nicht ernst. Überdies ist es schwierig zu erfassen, wo die Kinder und Jugendlichen sich bewegen, wem sie folgen und nacheifern, welche Konflikte gerade ausgetragen werden. Das alles lässt sich ja gar nicht bearbeiten.«

Der mangelnde Schlaf und die mangelnde Leistungsbereitschaft der Schüler – ein oft gehörtes Klagelied, welches wir später in diesem Kapitel bearbeiten werden.

Aspekte der digitalen Kommunikation

Zuerst aber geben wir zu: Es ist wirklich sehr anspruchsvoll zu ermitteln, was im Netz abgeht. Der Einfluss der digitalen Welt ist sehr groß, und eine gruppendynamische Betrachtungsweise ist gerade hier äußerst hilfreich. Viele Lehrer erkennen, dass der Gruppendruck in der digitalen Welt für die Kinder und Jugendlichen, die mit Mobiltelefonie, sozialen Plattformen und Spieleangeboten rund um die Uhr beschäftigt sind, enorm zunimmt.

In diesem Kapitel soll zusammenfassend aufgezeigt werden, wie hilfreich die Diskussion gruppendynamischer Grundlagen im Zusammenhang mit der Digitalisierung sein kann und wie wichtig die Betrachtung des gesamten Systems ist.

Damit wir der Komplexität des Themas gerecht werden, verändern wir die Struktur dieses Kapitels gegenüber den vorhergehenden.

Zunächst müssen einige Unterschiede zwischen der vordigitalen und der heutigen Zeit bezüglich Kommunikation erörtert werden. Viele Dinge werden nicht mehr mit einem direkten Gegenüber verhandelt, sondern verschriftlicht. Dabei ist der sprachliche Ausdruck Standards unterworfen, es werden viele Sprachfloskeln oder einfach nur Abkürzungen verwendet. Auch Emojis bedeuten eine Vereinheitlichung. Was hingegen wegfällt, ist der Tonfall der gesprochenen Sprache. Dies alles führt zu einer Simplifizierung der Kommunikation, die im Vergleich zum direkten Gespräch einen größeren Spielraum für Interpretationen lässt. Dementsprechend nehmen auch Unklarheiten oder Missverständnisse zu. Zudem sinken die Hemmschwellen: Ohne physische Präsenz ist es viel einfacher, andere für eine Aufnahme in ein Forum abzulehnen, von einer Gruppe auszuschließen oder zu diffamieren.

In einem persönlichen Gespräch sind häufig nur zwei Personen oder eine kleinere Gruppe involviert, im Netz sind unzählige Personen zu einer Gesprächsgruppe verbunden. Das Mitgeteilte bekommt dadurch viel mehr Gewicht. Zudem verhallt es nicht im Raum, wie eine Aussage dies im Gespräch tut. Vieles geht viral und bleibt lange sichtbar, meist für immer irgendwo gespeichert.

Durch die viel größere Zahl der Teilnehmenden ergibt sich auch eine massive Steigerung der Interaktionen, die wiederum eine sehr große Präsenz des Individuums erfordert; stetig kommen neue Nachrichten, auf welche man reagieren muss. Die Art der Zugehörigkeit und der Akzeptanz scheint unmittelbar davon abhängig, wie schnell man auf eine Mitteilung oder einen Beitrag reagiert. Das Mobilgerät in der Hand oder auf dem Tisch hat eine höhere Priorität als ein Gegenüber, mit welchem man sich verabredet hat. Die Gespräche werden sofort unterbrochen, sobald sich auf dem Bildschirm etwas tut. Dies alles ist nicht nur in der Welt der Kinder und Jugendlichen zu beobachten.

Allein auf der Ebene der Kommunikation gibt es unzählige offizielle und inoffizielle Regeln oder Normen. Dazu kommen in der digitalen Welt nun noch die unzähligen Normen bezüglich des Verhaltens, Mitwirkens, der Einflussnahme oder des Nacheiferns. Kein Wunder, dass dies zu einer Verunsicherung bei jedem Einzelnen, zu viel Unruhe in Gruppen aller Art führt. Für die Schule bedeutet dies: Die vielen Interaktionen, Geschichten, Unklarheiten, Missverständnisse, Streitereien können unmöglich vor dem Schulzimmer parkiert werden und sind auch im Schulunterricht spürbar. Eine Auswirkung davon ist die Müdigkeit der Kinder und Jugendlichen, weil ihnen der stete Reaktionszwang im Netz im wahrsten Sinne des Wortes den Schlaf geraubt hat und sie die Prioritäten bezüglich der Erfüllung schulischer Aufgaben anders setzen ließ.

Eine systemisch-gruppendynamische Betrachtungsweise

Betrachtungsebene

Von welchem Standort schaue ich auf die Situation? Es geht darum, sich in eine Beobachterposition (2. Ordnung, siehe Kap. 7) im Sinne einer Metaposition zu versetzen, in der man die Übersicht gewinnt über die Geschehnisse und die beteiligten Personen, die verschiedenen Gruppen, das Verhalten aller Personen und der geltenden ausgesprochenen und nicht ausgesprochenen Normen. Nur aus einer solchen Perspektive ist es möglich, alle Aspekte zu erfassen, insbesondere auch die eigene Position und Verhaltensweise. Und wir wissen, dass auch auf dieser Ebene die Wahrnehmung subjektiv ist. Deshalb formulieren wir zunächst Hypothesen.

Die Beteiligten

In erster Linie sieht man in diesem Beispiel die Schüler, welche übermüdet sind und sich nicht konzentrieren können im Unterricht, ihre Aufgaben nicht erledigen und folglich auch nicht die Leistungen erbringen, zu welchen sie eigentlich fähig wären. Man sieht möglicherweise auch noch ihre Zwistigkeiten und anderen zwischenmenschlichen Probleme wie Eifersucht, Rivalität usw.

Wenn die Situation nun aus der erweiterten Perspektive betrachtet wird, so kommen noch hinzu:

- die Lehrpersonen, welche nicht zufrieden sind mit ihren Schülern und deshalb die Eltern zu Gesprächen einladen, um die Situation zu besprechen und zu verbessern;
- die Eltern, welche zu Hause zwar mitbekommen, dass ihr Kind oft im Netz ist, sich jedoch bezüglich der Mediennutzung und der Schlafzeiten nicht durchsetzen können und auch nicht verantwortlich sein möchten, dass ihr Kind wegen ihnen plötzlich aus einer Gruppe ausgeschlossen wird;
- die Schulleitung, welche früher oder später hinzugezogen wird, weil die Situation zunehmend untragbar ist oder weil einige Kinder die Ziele des Lehrplans nicht mehr erfüllen und deshalb sonderschulische Maßnahmen in Betracht gezogen werden müssen.

Weiter sind eventuell noch die Schulsozialarbeit, Heilpädagogen, Schulpsychologen usw. im System mit einbezogen.

Der Verlauf

Ein Teil der Vorkommnisse ist bereits durch die Handlungen der einzelnen Akteure geschildert worden. Es kommen aber noch viele Dinge dazu: Die Elterngespräche haben zu Abmachungen bezüglich Nutzungszeiten geführt, welche aber schon nach kurzer Zeit nicht eingehalten werden. Die Kinder führen gegenüber ihren Eltern an, dass alle anderen Kinder ihr Mobilgerät auch mit ins Schlafzimmer nehmen dürfen. Die Kinder erzählen sich gegenseitig davon – ihre Vorgehensweise bekommt System; der Druck wird nun noch stärker, stets verfügbar zu sein. Die Lehrer bekommen dies mit und sind in der Folge frustriert; sie beklagen sich über die mangelnde Kooperation und Durchsetzungskraft der Eltern.

Offizielle und inoffizielle Normen

Es hat sich etabliert, dass die Diskussionen im Chat erste Priorität haben. Schulische Dinge sind hintanzustellen. Dadurch hat sich offensichtlich auch die Norm durchgesetzt, dass die Schüler rund um die Uhr im Netz präsent sein müssen. Wer das nicht kann, gehört nicht mehr dazu. Noch schlimmer scheint zu sein, wenn Eltern ihrem Kind diese Dauerpräsenz verbieten; dann besteht Gefahr, dass es zum Außenseiter wird. Das möchten die Eltern verständlicherweise vermeiden und hat zur Folge, dass sie sich eher ausspielen lassen, als ihren Kindern etwas entgegenzusetzen.

In der Schule besteht offensichtlich auch der Anspruch, dass *ein* Elterngespräch genügen muss, um eine Situation nachhaltig zu verändern. Verantwortlichkeiten werden nicht wirklich geklärt, eingefordert und deshalb auch nicht eingehalten.

Interventionsmöglichkeiten

Das scheinbar Einfachste ist, dass einheitliche Normen festgelegt werden. Es scheint vordergründig eindeutig, dass es Normen braucht, wann und wie die Schüler ihre Tätigkeit ausüben und wann nicht. Da müssen sich aber – zunächst sicher einmal ohne Schüler – alle Akteure einigen.

Sogleich kommt eine nächste Norm dazu: Alle Eltern der übermüdeten oder im Fokus der Lehrer stehenden Schüler müssen in die

Auseinandersetzung einbezogen werden. Die Kinder sind in regem Austausch untereinander. Da klappt die Absprache darüber besser, was zu tun ist, wenn Eltern Einschränkungen vornehmen wollen. Deshalb müssen sich sowohl die Eltern untereinander wie Schule und alle Elternhäuser enger vernetzen. Vielleicht nicht zwingend, aber von Vorteil ist, wenn gar alle Eltern der betroffenen Klasse mitmachen. Eine Elternzusammenkunft (ein Elternabend) ist also notwendig. Die Schule muss festlegen, was mit denjenigen Eltern geschieht, welche nicht teilnehmen können. Eventuell ist eine Bußandrohung hilfreich. Dies festzulegen und zu kommunizieren ist wichtig, erstens, weil dann zumeist alle Eltern erscheinen, und zweitens, damit gegenüber allen kooperativen Eltern in gewissem Sinne Gerechtigkeit vermittelt wird. Niemand kann sich entziehen! Die Überlegungen und Vorgaben dazu kommen am besten von der Schulleitung.

Auf dem Elternabend wird vonseiten der Schulleitung als Erstes kommuniziert, dass sich hier Schule und Elternhaus im Sinne einer Partnerschaft zusammentun müssen. Die übergeordneten Ziele, welche sicher alle unterschreiben, sind das Wohl und der schulische Erfolg der Kinder. Dazu gehört die Schaffung einheitlicher Regelungen, in welchen Zeiträumen der Zugang für die Kinder zu den digitalen Medien verunmöglicht wird. Die Diskussion darüber zeigt, dass die Vorstellungen darüber sehr unterschiedlich sind. Zudem kommen dabei viele Aspekte bezüglich der Argumentation der Kinder zum Vorschein. Dies führt dazu, dass neben der zeitlichen Regelung auch vereinbart wird, wie dies gegenüber den Kindern und Schülern kommuniziert wird. Zudem wird auch abgesprochen, dass man sich gegenseitig umgehend kontaktiert, wenn Abweichungen von den getroffenen Vereinbarungen auffallen oder Unklarheiten auftauchen. Die Schulleitung hat (sich) zum Ziel gesetzt, dass der Elternabend erst dann endet, wenn alle diese Punkte geregelt sind.

Die Regelungen müssen nicht nur die Nachtruhe betreffen, sondern auch die Verwendung der digitalen Geräte während der Erledigung schulischer Aufgaben.

Der Erfolg einer solchen Vorgehensweise ist in der Regel beeindruckend und kann im Wesentlichen wie folgt begründet werden:

- Die Eltern und die Schule geben die Normen vor. In einem zweiten Schritt können die Schüler mit in die Diskussion einbezogen werden, wie viel Medienkonsum und -gebrauch sinnvoll und vertretbar ist. Die Festlegung aber geschieht nicht mehr durch sie oder durch den durch sie kommunizierten »Zwang« der Gruppe.

- Die Möglichkeit, dass die Untergruppen Eltern, Lehrer, Schulleitung gegeneinander ausgespielt werden, ist stark eingeschränkt.
- Durch die gegenseitige Absprache zwischen der Schule und den Eltern einerseits und auch unter den Eltern andererseits ist es für alle Erwachsenen einfacher, eine klare Haltung einzunehmen.
- Zwar geht es bei der Diskussion der Normen auch um Werte, aber durch die systemische Vorgehensweise rückt der Aspekt der Wertung in den Hintergrund. Es geht vor allem um die Sichtbarmachung und Aufhebung von unterschiedlichen Vorstellungen.
- Die Nachhaltigkeit wird neu definiert. Die einmalige Aktion – der Elternabend – kann nicht ausreichen dafür, dass die Angelegenheit nun endlich geregelt wird; die anschließende enge Zusammenarbeit wird als Notwendigkeit und nicht als gegenseitiges Sich-auf-die-Füße-Treten betrachtet.
- Etliche Kinder und Jugendliche opponieren zwar vielleicht gegen neue Regelungen, bei ganz vielen aber wird eine große Erleichterung eintreten, weil ihnen viel Druck weggenommen wird.

Mit dieser Vorgehensweise sind viele Aspekte der bereits erwähnten »neuen Autorität« (Omer u. von Schlippe 2010; Omer u. Haller 2019; Lemme u. Körner 2016) angesprochen. Im Vordergrund stehen nicht die Unterweisung und Bestrafung der Schüler, sondern das Interesse an ihrem Wohlergehen. Selbstverständlich bedeutet dies alles zusätzlichen Aufwand, aber er bringt in dieser Form mindestens einen äquivalenten Ertrag.

Schlussbouquet – ein Strauß von abschließenden Gedanken

Humor ist eine heitere, gelassene Haltung zur Welt
und zu sich selbst, aber auch die Fähigkeit,
bei anderen Heiterkeit hervorzurufen.
Horst Siebert

Die Liebe zur Aufgabe und zu den Menschen

Die Lehrerin oder der Lehrer muss seine Aufgabe lieben und Menschen, insbesondere Kinder und Jugendliche, gerne mögen. Wohlwollen sowie Gelassenheit und auch Humor gehören zur Arbeit mit den Schülerinnen und Schülern. Es gilt, nicht den Menschen für sein Tun zu verurteilen, sondern störendes oder inakzeptables Verhalten zu verändern.

Mit dieser Grundhaltung wird das echte Interesse der Lehrperson an den Kindern spürbar. Gerade (wohlstands)vernachlässigte Kinder und Jugendliche saugen das wohlwollende Interesse wie ein ausgetrockneter Schwamm auf. Das Schlimmste ist, wenn das Interesse der erwachsenen Bezugspersonen fehlt. Im Alter der Ablösung ist die Reaktion der Jugendlichen zwar oft ablehnend, und auch Kinder können widerborstig sein und sich unbelehrbar zeigen. Aber: Die Kinder und Jugendlichen hören viel besser zu, als wir meinen!

Fragen als Grundlage für das Handeln

In den vorangegangenen Kapiteln werden mögliche Handlungsschritte vorgeschlagen. Wie schon eingangs erwähnt: Jede Situation ist anders, hat ihre eigenen, komplexen Umstände! Sich bei der Bearbeitung nur auf »Störenfriede« oder »Schwierige« zu konzentrieren lässt viele Punkte offen, es besteht die Gefahr, alles nur mit einem »Röhrenblick« wahrzunehmen. Wenn sich ein Schüler beispielsweise im Förderunterricht (und somit in einer kleinen Gruppe) viel kooperativer zeigt, als wenn er sich in der ganzen Klasse befindet, hat das nicht nur mit ihm, sondern immer auch mit seinen Beziehungen zu seinen Mitschülern und der Lehrperson zu tun. Wie sieht er sich dort? Welche

Beziehungen pflegt er da? Wo steht er mit wem in Konkurrenz? Wie wird er von den anderen behandelt? Macht ihm eine große Gruppe Angst? Wir möchten damit nochmals unterstreichen, wie wichtig es ist, sich in die Position des Fragenden zu versetzen.

Austausch anstelle von Einzelgängertum

Die gruppendynamischen Aspekte ergeben eine derart breite Palette von Fragestellungen und Hypothesen, dass man alleine oft nicht alle jeweils wesentlichen Punkte definieren und beantworten kann. Die anspruchsvolle Auseinandersetzung mit den gruppendynamischen Themen kann nicht nur im stillen Kämmerlein erfolgen. Deshalb ist das Umfeld der Lehrpersonen von großer Bedeutung. Die kollegiale Beratung und das Zusammenspiel der Lehrpersonen mit Kolleginnen und den Fachkräften (Schulsozialarbeit, Schulpsychologie usw.) spielen im Schulalltag eine zentrale Rolle.

Aber auch in diesem Kontext wirken selbstredend die gruppendynamischen Aspekte mit. Falls eine kollegiale Zusammenarbeit im gleichen Schulhaus nicht möglich ist, ergibt es Sinn, sich eine andere Möglichkeit für Intervision, Supervision oder eine Balint-Gruppe zu suchen. Für sich selbst Sorge zu tragen heißt auch, für sich ein unterstützendes Umfeld auszumachen, in welchem man sich sicher und aufgehoben fühlt.

Den Ursachen auf den Grund gehen – nicht den Symptomen

Die gesellschaftliche und technische Entwicklung und ihre Folgen stellen für den Schulbetrieb eine große Herausforderung dar. Die verschiedenen sozialen Plattformen beispielsweise spiegeln wider, wer dazugehört, wer das Sagen hat, wer wen beeinflussen kann, wer Macht ausübt oder wo das Ringen um Status (um nur einige Aspekte zu nennen) das Handeln beeinflusst. Sowohl die digitalen Medien wie auch das Fußballspiel auf dem Pausenhof sind also nicht die Ursache der Konflikte, sondern der Ort, wo sich gruppendynamische Phänomene zeigen, die es zu bewältigen gilt.

Gerade Schüler, welche am meisten Schwierigkeiten haben und machen, sind innerhalb der Familie – die ja ebenfalls eine Gruppe darstellt – möglicherweise im Bereich von Zugehörigkeit und Nähe zu kurz gekommen, haben Gewalt erfahren, sind einem starken Machtgefüge ausgesetzt oder haben gar kein echtes Gegenüber. Oft haben sie die Hoffnung, dass sich jemand ernsthaft mit ihnen auseinandersetzt, aufgegeben. Es ist aufgrund solcher Umstände nicht verwunderlich, dass sich viele Kinder und Jugendliche in der Klassengemeinschaft nicht einordnen können.

Das eigene Handeln als Vorbild

In diesem Buch betreffen viele Vorgehens- und Lösungsansätze die gesprochene Sprache. Darum sei hier zum Schluss betont: Das eigene Handeln – verbal und nonverbal – bewirkt mehr als gut gemeinte Worte.

Sich dem Positiven zuwenden

Wie Maren Urner (2019) herausstreicht, leben wir in einer Welt, in welcher negative Ereignisse mehr Schlagzeilen machen als positive. Die Autorin beschreibt, wie schwierig es ist, sich dem zu entziehen. Auch im Schulalltag ist dies zu beobachten. Wie oft hört man im Teamzimmer in der Pause, dass die vergangene Lektion toll verlaufen ist oder dass sogar der sonst schwache Schüler Felix die gestellte Matheaufgabe lösen konnte? Das ist eher selten. Viel mehr klagen wir über das, was im Schulzimmer und im Bildungswesen schiefläuft. Anspruchsvolle Situationen gehören aber zum Lehrberuf.

Gerade deshalb ist es wichtig, sich auch auf das zu fokussieren, was uns Freude und neue Energien bringt. Darum sollte man sich öfter fragen, warum einem etwas gut gelungen ist – und solche Dinge auch mit den Kolleginnen austauschen. Dies hilft dabei, den pädagogischen Beruf als das zu sehen, was er ist: einer der schönsten und sinnvollsten Berufe, den man ergreifen kann!

Anhang

Zur Psychologie einer Gruppe

Was ist eine Gruppe?

Definitionen für *Gruppe* gibt es viele, seit das Phänomen »Gruppe« als eine soziale Einheit entdeckt worden ist, die eigenen Gesetzen unterliegt. Die Gruppe ist auf jeden Fall etwas anderes als die Summe der Persönlichkeiten ihrer Mitglieder.

Vier grundsätzliche Voraussetzungen, damit man von *Gruppe* sprechen kann:

• Gruppengröße	3 bis ungefähr 12. Hat eine Gruppe mehr Mitglieder, so bilden sich in der Regel Untergruppen, weil mehr als 12 Mitglieder für den Einzelnen nicht mehr überschaubar sind. Die optimale Gruppengröße hängt von der Aufgabe ab, die die Gruppe zu lösen hat.
• Gruppenziel	Ohne ein gemeinsames Ziel wird sich kaum eine Gruppe bilden oder länger bestehen können.
• Dauer	Bestand über einen längeren Zeitraum: Dadurch entstehen unter anderem Engagement und Identifikation.
• Wechselseitige Beziehungen	Die Mitglieder kennen sich untereinander, d. h., sie stehen in wechselseitiger Beziehung zueinander. Diese Beziehungen und die Interdependenzen untereinander sind wichtiger als die der Mitglieder nach draußen.

Diese vier Elemente von Gruppe – Größe, Ziel, Dauer, Beziehungen – beeinflussen sich wechselseitig. Die Vielfalt und Unterschiedlichkeit von Gruppen ist allein schon eine Folge dieser wechselseitigen Einflüsse.

Gruppe ist das, was zwischen den Mitgliedern geschieht.

Die anfängliche Aussage, die Gruppe sei etwas anderes als die Summe der Mitglieder, lässt sich noch zuspitzen in der These: Gruppe ist das, was zwischen den Mitgliedern geschieht. Das soll nicht heißen, dass die Mitglieder einer Gruppe als Personen keinerlei Bedeutung für die Gruppe hätten.

Die inneren Eigengesetzlichkeiten einer Gruppe

Unser Augenmerk soll aber auf die zwischenmenschlichen Wirkungen gerichtet werden, die durch die Eigengesetzlichkeiten einer Gruppe erzeugt werden. Durch den Einfluss solcher Eigengesetzlichkeiten kann sich die Persönlichkeit von Mitgliedern sowohl überraschend entfalten als auch unverhofft eingeengt werden.

Rolle

In einer Gruppe besteht ein Netz von mehr oder minder deutlich definierten Rollenbeziehungen, die das Verhalten der einzelnen Mitglieder zueinander bestimmen.

Was ist eine Rolle?

Rolle ist der Inbegriff von Erwartungen, die die Mitglieder an das Verhalten des Inhabers einer ganz bestimmten Position haben.

Formelle Rollen

Deutlich definierte und offizielle bzw. formelle Rollen sind z. B. Abteilungsleiter, Gruppenleiter, Sachbearbeiter, Betriebsrat, Vorstand.

Funktion der Rolle

Eine klar definierte und offiziell anerkannte Rolle erleichtert das zwischenmenschliche Verhalten: Alle wissen, was sie vom Inhaber einer bestimmten Rolle zu erwarten haben; ebenso weiß der Rollenträger, welches Verhalten die anderen von ihm erwarten.

Rolle und Person

Der Zusammenhang zwischen Rolle und Person des Rolleninhabers ist allerdings komplexer Natur:

- »Die Rolle liegt mir«: Es gibt Personen, denen die jeweilige Rolle liegt; deshalb identifizieren sie sich entweder ganz mit ihr (die Person verschwindet hinter der Rolle), oder sie wandeln die Rolle entsprechend ihrer Person ab (die Person scheint durch die Rolle hindurch).
- »Die Rolle liegt mir nicht«: Es gibt aber auch Personen, denen die Rolle nicht liegt. Auch in diesem Fall gibt es zwei Möglichkeiten: Entweder wird diese Spannung mit der Zeit verarbeitet, z. B. durch allmähliches Hineinwachsen und Gewöhnung bzw. durch

Ausübung der Rolle aus rein zweckrationalen Überlegungen. Oder dieses Auseinanderklaffen wird nicht verarbeitet: Die Person passt sich zwar nach außen an, behält aber ihren inneren Protest gegen die Rolle bei; oder es wird offen protestiert unter Verweigerung der Anpassung an die Rollenerwartungen.

Informelle Rollen

Neben den offiziell anerkannten, sogenannten formellen Rollen gibt es ein Geflecht von mehr oder minder deutlichen sogenannten informellen Rollen, z. B. Meinungsführer, emotionaler Bezugspunkt, Sündenbock, Prügelknabe usw.

Formelle und informelle Rollen sind nicht deckungsgleich

Das informelle Rollengefüge ist selten deckungsgleich mit dem formellen Rollensystem. Das ergibt eine Fülle von z. T. fruchtbaren Spannungen und z. T. destruktiven Reibungen.

Das informelle System ist oft wirksamer als das formelle

Entsprechend den formellen und informellen Rollen spricht man auch vom formellen und informellen System in Gruppen und Organisationen. Während im formellen System, das in der offiziellen Arbeitszeit stattfindet, vereinbarte Regeln und Normen (siehe unten) gelten, ist oft das informelle System, das sich außerhalb der Arbeitszeit, in Kaffeepausen und am abendlichen Biertisch abspielt, das ausschlaggebendere. Hier werden nicht selten die am nächsten Morgen in der Konferenz zu fällenden Entscheidungen bereits vorentschieden.

Status

Im Zusammenhang mit der Differenzierung der Gruppe durch formelle und informelle Rollen kommt es zu einer Differenzierung des Status der einzelnen Gruppenmitglieder, was wiederum das Verhalten der Gruppenmitglieder zueinander beeinflusst.

Was heißt *Status?*

Es gibt in jeder Gruppe ein Rangsystem mit hohen und niedrigen Positionen, bzw. es gibt unterschiedliche Bewertungen und Anerkennungen der Personen durch die anderen Gruppenmitglieder.

Den einzelnen Punkt innerhalb eines Rangsystems nennt man Status.

Formeller Status durch die Organisation

Formellen Status verleiht die Organisation mit der Vorgabe von formellen Rollen bzw. durch sonstige offizielle Anerkennungen (Uniformabzeichen, Dienstwagen ...).

Informelle Statusverleihung durch die Gruppe

Informellen Status erhalten die Mitglieder durch ihr tatsächliches Verhalten, wie es von den anderen Gruppenmitgliedern erlebt wird (Alleskönner, Vermittlerin, Gruppenclown ...).

Formeller und informeller Status sind selten deckungsgleich

Der formelle Status deckt sich selten mit dem informellen Status, mit dem sich die Mitglieder einer Gruppe tatsächlich gegenseitig ausstatten. So kann zum Beispiel in einer Gruppe oder in einer Abteilung die eigentlich maßgebende Person, nach deren Meinung sich alle ausrichten, nicht die formelle Leitungsperson sein, sondern ein anderes Gruppenmitglied. Entsprechend hoch werden seine Anerkennung und sein informeller Status in der Gruppe sein.

Normen in Gruppen

Der Einfluss von Gruppennormen

Gruppen und Organisationen haben bestimmte Normen und Werte, die das Verhalten ihrer Mitglieder zumindest in solchen Situationen bestimmen, in denen die speziellen Belange der Gruppe bzw. der Organisation betroffen sind.

Belohnungen und Bestrafungen gewährleisten ihre Einhaltung

Die Einhaltung von solchen Gruppennormen wird durch eine Vielfalt von direkten und indirekten Belohnungen und Bestrafungen gewährleistet.

Offizielle Normen

Offizielle Normen und Werte sind solche, über die man sich ausdrücklich geeinigt hat und an denen sich das Verhalten der Gruppe auch offiziell »messen« lassen muss, z. B. bestimmte Leistungsvorhaben, kooperativer Führungsstil.

Inoffizielle Normen	Daneben gibt es eine Reihe von inoffiziellen Normen und Werten bzw. Gesetzen in einer Gruppe, über die zwar offiziell kaum geredet wird, nach denen sich aber das Verhalten der Gruppe streng ausrichtet. Manchmal sind solche Normen (wie »Dem Chef widerspricht man besser nicht«) nicht allen Mitgliedern der Gruppe in gleicher Weise bekannt bzw. durchschaubar.
Möglicher Widerstreit zwischen den offiziellen und den inoffiziellen Normen	Wenn die inoffiziellen Normen und Werte mit den offiziellen in Widerstreit stehen, so werden die Gruppenmitglieder ihr Verhalten in erster Linie nach den inoffiziellen Normen ausrichten, wenn der Gruppendruck entsprechend stark ist.

Beispiel: Die Offenheit in einer Gruppe. Das Ausmaß der persönlichen gegenseitigen Offenheit der Gruppenmitglieder und gegenüber dem Leiter der Gruppe wird z. B. durch eine entsprechende Norm geregelt. Dabei kann es passieren, dass die offizielle Norm heißt: »Wir müssen offen miteinander reden, weil gegenseitiges Feedback nur nützlich sein kann.« Die inoffizielle Norm kann aber lauten: »Fehler werden auf keinen Fall offen angesprochen, weil der Leiter solche Aussagen als Material für Beurteilungen verwenden könnte.«

Solange diese *Untergrundnorm* nicht offen bearbeitet wird, und zwar dergestalt, dass die Ziele, die damit verbunden werden, benannt und die Befürchtungen, aufgrund deren sie eingeführt wurde, ausgeräumt werden können, wird sie die Erfüllung der gegenläufigen offiziellen Norm blockieren. Appelle wären in so einer Situation völlig wirkungslos.

Auswirkungen auf gruppeninterne Kommunikation und Kooperation

Dieses Mischgefüge von formellen und informellen Strukturierungen und Regelungen in einer Gruppe wirkt sich direkt auf das Kommunikations- und Kooperationsverhalten der Mitglieder untereinander aus.

Am Beispiel zweier Soziogramme lässt sich das illustrieren:

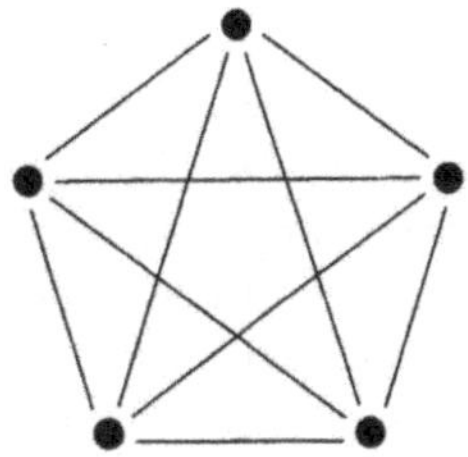

Die Punkte seien die Mitglieder der Gruppe, die Linien symbolisieren, wer mit wem in der Regel spricht bzw. »Wer mit wem kann«.

Hier spricht jeder mit jedem gleich intensiv bzw. »kann« jeder mit jedem gleich gut; die Gruppe ist in ihrer internen Kommunikation und Kooperation ausgewogen. So sollte es wohl auch sein, wenn es nach der formellen Struktur ginge.

Die Wirklichkeit sieht aber oft anders aus. Zum Beispiel so:

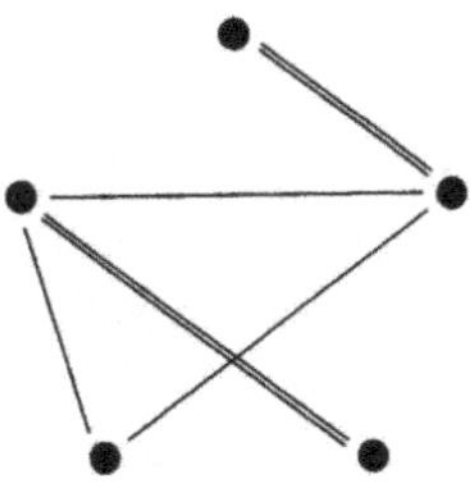

Es gibt hier nur insgesamt die Hälfte der Kommunikations- und Kooperationsbeziehungen, die dazu noch ungleich sind – also eine ganz andere Gruppe.

Das Gruppenklima wird bestimmt durch das »Wie« des Miteinanderkönnens.

Der Grad der Ausgewogenheit der Kommunikations- und Kooperationsbeziehungen in einer Gruppe beeinflusst seinerseits wiederum das Gruppenklima. Auch hier ist in erster Linie nicht das »Was«, sondern das »Wie« entscheidend: Jede Kommunikation zwischen Menschen hat nicht nur einen Ziel- und Leistungsaspekt, sondern auch einen Beziehungsaspekt.

Mit dem Gruppenklima ist es wie mit dem Wetter: Es kann warm(herzig), frostig oder wechselhaft sein; es kann einen allgemein vorherrschenden Klimazustand oder aber in der gleichen Gruppe gleichzeitig verschiedene Klimazonen geben.

Die Gruppenkohäsion wird maßgeblich vom Gruppenklima bestimmt

Das Gruppenklima beeinflusst seinerseits wiederum maßgeblich den Zusammenhalt der Gruppe, die Gruppenkohäsion.

Die »sachlichen« Voraussetzungen einer Gruppe können optimal, die offizielle Rollenverteilung und Statusverleihung äußerst funktional sein: Wenn das Klima nicht stimmt, wird es mit dem Zusammenhalt der Gruppe nicht weit her sein. Umgekehrt vermag ein gutes Gruppenklima die Gruppenkohäsion stark zu fördern und selbst ungünstige Voraussetzungen und z. T. dysfunktionale strukturelle Regelungen zumindest eine Zeit lang zu kompensieren.

Fazit

Wenn man das informelle Rollengefüge, die damit verbundene Verleihung von informellem Status und das informelle Wertesystem in einer Gruppe bzw. Organisation nicht wahrhaben will oder sie lediglich als zu beseitigenden Störfaktor der formellen Regelungen ansieht und entsprechend negativ damit umgeht, so führt das zu erheblichen Spannungen und Reibungsverlusten. Denn solche informellen Regelungen können durchaus dazu beitragen, die Arbeit und/oder die Entwicklung einer Gruppe zu fördern bzw. Defizite der formellen Regelungen bis zu einem gewissen Grad zu kompensieren.

Wenn diese informellen Regelungen die Arbeit und/oder die Entwicklung einer Gruppe hemmen, was auch möglich ist, so ist das als ein Indikator dafür zu sehen, genauer hinzuschauen und zu analysieren, was die eigentlichen Ursachen dafür sind.

Wie real dieses informelle Gefüge von Rollen, Status und Normen in einer Gruppe bzw. Organisation ist, erfahren Sie vor allem an der Schwierigkeit, als Neuling in eine bestehende Gruppe wirklich »hineinzukommen«, auch wenn Sie durch Ihre Zuteilung offiziell bereits Mitglied dieser Gruppe sind.

Quelle: überarbeitete Version eines Arbeitspapiers von Klaus Doppler und Bert Voigt (in: Antons, K., H. Ehrensperger u. R. Milesi (2019): Praxis der Gruppendynamik. Übungen und Modelle. Göttingen (Hogrefe), S. 67 ff).

Soziometrische Tableaus konkret

Soziometrische Tableaus sind sehr geeignet dafür, dass sich neue Lehrpersonen gut ins Team integrieren können und die bestehenden Mitglieder rasch sehen, wer da neu kommt und was die jeweilige Person mitbringt. Die Gruppe untersucht sich selbst auf ihre spezifischen Gegebenheiten und Unterschiede hin und wird sich ihrer Zusammensetzung bewusst. Die Strukturen des alten und neuen Gruppenwesens werden deutlich. Es geht dabei um Unterschiede und nicht um Wertungen. Wenn das Gruppengefüge transparent wird, können die Unterschiede, die zutage treten, nicht nur als Spaltungspotenzial, sondern auch als als Bereicherung im Team betrachtet werden.

Die Schulleitung bittet die Teilnehmenden, aufzustehen, Stühle und persönliche Gegenstände wegzuräumen und sich auf einer freien Fläche einzufinden. Material wird keines benötigt, der Zeitaufwand für 6 Tableaus ist maximal 60 Minuten. Nicht im Freien oder in Korridoren durchführen, wo andere Personen durchgehen. Es braucht Intimität und klare Außengrenzen. Diese Art des Kennenlernens eignet sich auch für große Kollegien gut.

Als Einleitung eignet sich ein kurzer Verweis auf eine alternative Form des Kennenlernens, auf Morenos Soziometrie (Rechtien 2007, S. 148) und systemische Aufstellungen. Die Leitung kann sich situativ dazustellen. Sie regt jeweils das Gespräch über das neue Tableau an und setzt entsprechende Impulse.

1. Wer kennt wen am längsten? Dieser Person die rechte Hand auf die Schulter legen. Die Schulleitung kann die entstandenen Gebilde befragen: Welche Vorbekanntschaft wird hier ausgedrückt? Woher und seit wann kennt ihr euch? Wie ist es, alleine hier zu sein oder mit einer schon bekannten Gruppe?
2. Frauen, Männer: Die beiden Gruppen stehen sich gegenüber. Ein Gespräch darüber anregen: Wie wird die Verteilung empfunden? Wie könnte die Verteilung hier die Arbeit beeinflussen?
3. Alter: Wie prägt das Alter wohl den Blick auf Schule?
4. Sprachliche Identität: Die Teilnehmenden bilden Cluster gemäß ihrer sprachlichen Herkunft oder Identität. Woher kommen sie, in welcher Sprache denken sie, fühlen sie sich zu Hause etc.? Danach die so entstandenen Gruppierungen im Plenum zu Wort kommen lassen. In einer Zeit der Globalisierung und der Migration ist der Sprachaspekt zunehmend von Bedeutung.

5. Sonstige Verbindungen (Sportverein etc.) erfragen.
6. Was erzählt man sich über dieses Schulhaus? Die Teilnehmenden bitten, sich in eine der vier Ecken im Raum zu stellen für: nur Positives; nur Negatives; sowohl Positives als auch Negatives; nichts.
7. Wenn ich hier neu wäre, was würde ich gerne noch wissen? Die Frage geht an alle, ob neu im Kollegium oder schon lange da.

Oft wollen die Teilnehmenden noch andere Unterschiede erheben: Zivilstand; wer hat Kinder, wer keine; Quereinsteiger aus anderen Berufen; wer kommt aus welchen Bundesländern/Kantonen; Stadt/Land? – Die Leitung sollte sanft steuern. Wenn mehrere Impulse da sind, sollte sie einen Vorschlag wählen, der für die Gruppe und die Arbeit relevant ist.

Vielleicht will auch die Leitung noch Zusätzliches von der Gruppe erfahren: Kenntnisse und Spezialwissen aller Art, die für die Arbeit im Team interessant sein könnten.

Teamphasen – Fragebogen

Ziel

Identifikation der Phase, in der sich das Team gegenwärtig befindet

Anweisung

Diese Umfrage enthält Aussagen über Teamwork. Jedes Item soll in Bezug auf das gegenwärtige Teamverhalten beurteilt werden.

Nr.	Item	Nie	Selten	Gelegentlich	Oft	Immer
1	Wir versuchen, Verfahren oder Prozesse zu gestalten, um sicherzustellen, dass die Abläufe ordentlich und reibungslos sind (z. B. um Unterbrechungen zu minimieren, jedes Teammitglied kann seine Meinung äußern).	1	2	3	4	5
2	Wir sind effizient in der Aufgabenerfüllung und verschwenden nicht viel Zeit in der Planungsphase.	1	2	3	4	5
3	Unser Team fühlt, dass wir alle gemeinsam involviert sind, und teilt die Verantwortung bei Erfolg und Misserfolg.	1	2	3	4	5
4	Wir haben klare Verfahren, welche mit unseren Zielen übereinstimmen, und planen, wie wir unsere Aufgaben erledigen können.	1	2	3	4	5
5	Teammitglieder haben Angst oder können andere nicht um Hilfe bitten.	1	2	3	4	5
6	Wir nehmen unsere Team- und Arbeitsziele wörtlich und teilen ein gemeinsames Verständnis.	1	2	3	4	5
7	Der Teamleader hält sich an die Aufgaben und trägt zu ihrer Bewältigung bei.	1	2	3	4	5
8	Wir haben keine fixen Verfahren; wir bestimmen sie je nach Fortschritt der Aufgabe oder des Projektes.	1	2	3	4	5

Nr.	Item	Nie	Selten	Gele-gentlich	Oft	Immer
9	Wir erzeugen viele Ideale, aber wir nutzen nicht viele, weil wir nicht auf sie hören oder sie ablehnen, denn wir verstehen sie nicht.	1	2	3	4	5
10	Die Teammitglieder vertrauen einander nicht völlig und überwachen andere, welche an einer spezifischen Aufgabe arbeiten.	1	2	3	4	5
11	Der Teamleader stellt sicher, dass wir uns an die Verfahren halten, argumentiert nicht, unterbricht nicht, sondern bringt die Sache jeweils auf den Punkt.	1	2	3	4	5
12	Wir genießen unsere Zusammenarbeit, wir haben Spaß und eine produktive Zeit.	1	2	3	4	5
13	Wir akzeptieren jede(n) als Mitglied des Teams.	1	2	3	4	5
14	Der Teamleader ist demokratisch und kollegial.	1	2	3	4	5
15	Wir definieren unsere Ziele und ebenso, welche Aufgaben erledigt werden müssen.	1	2	3	4	5
16	Viele Teammitglieder haben ihre eigenen Vorstellungen von den Verfahren, und die persönliche Tagesordnung ist zügellos.	1	2	3	4	5
17	Die Stärken und Schwächen jedes Teammitgliedes werden voll akzeptiert.	1	2	3	4	5
18	Wir weisen jedem Teammitglied spezifische Rollen zu.	1	2	3	4	5
19	Wir versuchen, Harmonie zu erreichen, indem wir Konflikte vermeiden.	1	2	3	4	5
20	Die Aufgaben unterscheiden sich zu sehr von unseren Vorstellungen und scheinen sehr schwierig zu lösen.	1	2	3	4	5

Nr.	Item	Nie	Selten	Gelegentlich	Oft	Immer
21	Es gibt viele abstrakte Diskussionen über die Konzepte und Aufgaben, sodass einige Teammitglieder keine Geduld für diese Diskussionen haben.	1	2	3	4	5
22	Wir sind fähig, an Gruppenproblemen zu arbeiten.	1	2	3	4	5
23	Wir argumentieren viel, obwohl wir uns über die realen Aufgaben einig sind.	1	2	3	4	5
24	Das Team wird häufig angeregt, über den ursprünglichen Bereich des Projektes hinauszugehen.	1	2	3	4	5
25	Wir drücken Kritik an anderen konstruktiv aus.	1	2	3	4	5
26	Ich habe eine große Verbindung zum Team.	1	2	3	4	5
27	Es scheint, dass wenig in Bezug auf die Projektziele vollendet wird.	1	2	3	4	5
28	Die Ziele, welche wir uns gesetzt haben, scheinen unrealistisch.	1	2	3	4	5
29	Obgleich wir uns der Projektziele und der Aufgabe nicht sicher sind, sind wir stolz, Mitglied des Teams zu sein.	1	2	3	4	5
30	Wir teilen häufig persönliche Probleme untereinander.	1	2	3	4	5
31	Die Aufgaben sind klar, und die Qualität unserer Zusammenarbeit steigt stetig.	1	2	3	4	5
32	Wir erledigen eine Menge Arbeit.	1	2	3	4	5

Test von Donald Clark (2004); bearbeitet von Peter Stierli 2020

Teamphasen – Auswertung

Diese Umfrage soll Ihnen helfen abzuschätzen, in welcher Phase Ihr Team normalerweise operiert.

Übertragen Sie die Punkte der Items in die unten stehende Tabelle.

Forming-Phase		Storming-Phase		Norming-Phase		Performing-Phase	
Item	Punkte	Item	Punkte	Item	Punkte	Item	Punkte
1		2		4		3	
5		7		6		8	
10		9		11		12	
15		16		13		14	
18		20		19		17	
21		23		24		22	
27		28		25		26	
29		31		30		32	
Total		Total		Total		Total	
Forming-Phase		Storming-Phase		Norming-Phase		Performing-Phase	

Die niedrigste Punktzahl für eine Phase ist 8 (»nie«), die höchstmögliche Punktzahl für eine Phase ist 40 (»immer«).

Die höchste Punktzahl gibt an, in welcher Phase das Team normalerweise (Bemerkung Stierli: aktuell) operiert. Wenn die Punktzahl 32 oder mehr ist, ist dies ein starker Indikator für die Phase, in welcher sich das Team befindet.

Die niedrigste Punktzahl zeigt an, in welcher Phase sich das Team am wenigsten befindet. Wenn die Punktzahl 16 oder weniger ist, ist dies ein starker Indikator, dass das Team nicht in dieser Phase operiert.

Wenn sich zwei Punktzahlen ähnlich sind, befindet sich das Team vermutlich in einer Übergangsphase, außer:

- wenn die Punktzahl in den beiden Phasen Forming und Storming gleich hoch ist, befindet sich das Team in der Storming-Phase;
- wenn die Punktzahl in den beiden Phasen Norming und Performing gleich hoch ist, befindet sich das Team in der Performing-Phase.

Wenn es nur einen kleinen Unterschied zwischen den Punktzahlen gibt, zeigt dies an, dass es keine klare Empfindung für die Phase des Teams gibt oder dass die Leistung des Teams sehr veränderlich ist. Es kann aber auch sein, dass sich das Team dann in der Storming-Phase befindet.

Test von Donald Clark, 2004. Verfügbar unter http://nwlink.com/~donclark/leader/teamsuv.html [27.3.2020]

Gesprächsführung in der Schule – Elterngespräche

Inhalt

1. Grundsätzliches
2. Planung
3. Durchführung und Ablauf
4. Wichtige Aspekte für erfolgreiche Gesprächsführung

1. *Grundsätzliches:*

- Die enge und konstruktive Zusammenarbeit mit den Eltern (immer auch mitgemeint: Erziehungsverantwortliche) ist Grundlage für die Förderung des Kindes.
- Zu Beginn der Zusammenarbeit eigene Kommunikationsstrategie den Eltern mitteilen: Wann, wie oft, Kommunikationsmittel, eigene Erreichbarkeit, Maßstab bezüglich Mitteilungen bei besonderen Vorkommnissen und/oder Fragen. Eigene Mottos mitteilen.
- Mögliche Mottos (sie müssen mir als Lehrperson entsprechen):
  - Lieber einmal zu viel austauschen als einmal zu wenig.
  - »Ich melde mich umgehend, wenn ich das Gefühl habe, vereinbarte Abmachungen werden nicht eingehalten.«
  - »Nehmen Sie bei Fragen oder Informationen über das Kind schnell Kontakt auf mit mir.«
- Elterngespräche nicht nur dann einberufen, wenn etwas Heikles oder Schwieriges im Raum steht, sondern auch einen (kurzen) direkten Kontakt suchen, wenn es Positives zu berichten gibt.
- Auch in Gesprächen, bei denen Schwierigkeiten im Vordergrund stehen, positive Ereignisse oder Verhaltensweisen nicht zu erwähnen vergessen – am besten an den Anfang stellen.

2. *Planung:*

2.1 *Warum ist ein Gespräch notwendig?*

Zumeist wird der Kontakt nur bei Schwierigkeiten gesucht. Es kann für den gemeinsamen Prozess hilfreich sein, wenn zwischendurch auch ein kurzes positives Feedback als Anlass für einen Kontakt genommen wird.

2.2 Welche Ziele sollen mit dem Gespräch erreicht werden?

- Ziele müssen realistisch und in überschaubarer Zeit erreichbar sein.
- Zielformulierungen werden oft vage und allgemein gefasst. Deshalb:
  - Ziele anhand von messbaren Indikatoren umschreiben (z. B. Schüler ist nach der Pause an seinem Platz, hat immer seine Hausaufgaben dabei usw.).
- Überlegen, bei welchen Zielen Schüler und Eltern mit einbezogen werden können und wie.

2.3 In welcher Form findet das Gespräch statt?

Als Gespräche gelten hauptsächlich persönliche Gespräche und Telefonate. Aber oft findet der Austausch auch per E-Mail oder SMS oder über Social-Media-Plattformen statt.

Zu beachten ist dabei:

- Bei schriftlichen Mitteilungen fehlen Tonfall und Mimik.
- Die Wortwahl kann ein anderes Gewicht bekommen.
- Daraus entstehen leichter Missverständnisse.
- Missverständnisse stehen länger im Raum.
- Schriftliche Nachrichten können auch weitergeleitet werden, was zu weiteren Missverständnissen führen kann.

2.4 Wer muss beim Gespräch mit dabei sein?

Eltern: Ganz generell wird unterschätzt, wie wichtig es ist, beide Elternteile in den Austausch einzubinden.

Auch bei Patchworkfamilien ist wichtig herauszufinden, in welcher Form die nicht erziehungsverantwortlichen Partnerinnen und Partner oder die getrennt lebenden Ehepartner mit einbezogen werden sollen oder gar müssen. Diese Abklärung ergibt oft viel Einblick in die Welt, in der ein Kind lebt.

Wenn wichtige Themen wie Schülerverhalten oder Auffälligkeiten im Umfeld eines Kindes anstehen, immer die Teilnahme beider Elternteile einfordern. Informationen und/oder Abmachungen verwässern sehr schnell, wenn nicht beide Eltern anwesend sind.

Schüler: Immer auch den Schüler selbst mit ins Gespräch einbinden. Ausnahme: Die Eltern stellen die Lehrperson oder deren Arbeit infrage. Dann ist eventuell die Teilnahme des Kindes am Schluss des

Gespräches einzuplanen, damit es über das weitere Vorgehen informiert werden kann.

Lehrpersonen: Den Aufwand bezüglich des Beizugs von Fachlehrpersonen oder Fachleuten, welche mit dem Schüler zu tun haben, abschätzen. Zu viele Teilnehmer können auch Angst einflößen. Es gilt aber auch:

- Vier, sechs ... Augen beobachten mehr als nur zwei.
- Zwei, drei ... Köpfe können auch mehr Gedanken und Aspekte einbringen.

Schulleitung: Bei Einbezug der Schulleitung muss sie selbst das Gespräch führen. Auch hier Aufwand und Ertrag abwägen.

2.5 In welchem Zeitraum muss das Gespräch stattfinden?

Sich die Zeit nehmen, um das Gespräch gut vorbereiten zu können. Abklärungen benötigen Zeit.

Dringend einzuleitende Maßnahmen müssen sofort kommuniziert werden. Dabei ein eventuell vertiefendes Gespräch ankündigen.

2.6 Wie lange dauert das Gespräch?

Sich ein Ziel setzen und die geplante Dauer gegebenenfalls auch in der Einladung erwähnen.

2.7 Wo findet das Gespräch statt?

In der Regel finden Elterngespräche in der Schule statt.

Falls im Klassenzimmer: für erwachsenengerechte Tische und Stühle sorgen.

Bei Einbezug der Schulleitung: Das Gespräch sollte in einem Besprechungsraum der Schulleitung stattfinden.

Elterngespräche im Elternhaus müssen gut überlegt sein.

2.8 Wer lädt in welcher Form zum Gespräch ein?

Die Gesprächsleitung (oder ihr Sekretariat) lädt ein.

2.9 Organisation

Sitzordnung: Nicht unwesentlich für die Grundstimmung. Sitzen Familie und Schulpersonal einander gegenüber oder besser übereck?

Gibt es eine Vermittlerrolle am Tischkopf? Eltern und Schüler sollten in der Regel näher zum Ausgang sitzen.

Die Schulpersonen sind bereits anwesend, um die Eltern und das Kind zu empfangen.

Getränke: Kein Kaffeekränzchen, aber Wasser ist angebracht.

Taschentücher bereithalten.

2.10 Ist ein Protokoll notwendig? Wenn ja, wer erstellt es?

Gespräche leiten und gleichzeitiges Protokollieren sollte möglichst vermieden werden.

Im Protokoll stehen alle anstehenden Aufgaben, Verantwortlichkeiten und Termine. Deshalb sollen Protokolle innerhalb einer Woche an die Teilnehmer versandt werden. Etwaige Ergänzungen oder Korrekturen werden dem Protokoll angehängt – das Protokoll selbst wird nicht mehr verändert.

3. Durchführung und Ablauf:

Generell bewährt sich:

- Begrüßung und Vorstellungsrunde mit Erwähnung des Grundes für das Gespräch und seine Ziele (Gesprächsleitung).
- Einholung der Stellungnahmen zum Gesprächsgrund. Reihum gehen.
- In der Regel mit dem Schüler beginnen (dabei auch positive Punkte erfragen und hervorheben), dann Eltern, dann Lehrkräfte und dann die Fachpersonen.
- Zusammenfassung durch die Gesprächsleitung. Hier werden auch die Vorgaben und Erwartungen der Schule eingebracht.
- Weiteres Vorgehen vereinbaren. Dabei auch informieren oder festlegen, dass man im Kontakt bleibt, insbesondere dann, wenn hier vereinbarte Abmachungen nicht eingehalten werden (Verbindlichkeit schaffen).

4. Wichtige Aspekte für erfolgreiche Gesprächsführung:

- Realistische Ziele für das Gespräch festlegen.
- Eigenen Erwartungs- und Erfolgsdruck vermeiden.
- Positives Hervorheben.
- Dem Schüler und den Eltern genügend Raum geben.
- Ausreden lassen. Nicht das Gefühl haben, man müsse falsche

Aussagen sofort korrigieren oder gleich die Sichtweise der Schule einbringen.

- Den Schüler mit einbeziehen, wenn es um die Veränderung von Verhaltensweisen geht:
  - »Was braucht es, damit du das nicht mehr tust ...?«
  - »Was braucht es, damit dir das gelingt ...?« usw.
  - Wenn möglich, dabei auch Stärken des Schülers oder positive Aspekte mit einbeziehen.
  - Auch die Eltern mit einbeziehen.
- Eigene Haltungen und Erwartungen deutlich formulieren.
- Ruhig und sachlich bleiben.
- Zuversicht und Leichtigkeit in das Gespräch bringen – zum Beispiel mit einem Lächeln hie und da.

Kurzfristige Auszeiten – Konzept

Ziele/Grundsätze

- Bei akut schwierigen Situationen im Unterricht eine Erleichterung für eine Deeskalation erreichen durch eine kurzfristige Auszeit in einer anderen Klasse.
- Die SuS müssen nicht allein im Korridor oder in einem Nebenraum belassen werden (was als Möglichkeit bestehen bleibt) und sind beaufsichtigt.
- Die Möglichkeit, SuS im Förderzentrum zu den im Stundenplan angegebenen Lektionen zu platzieren, bleibt bestehen.

Vorarbeit

- Lehrpersonen tragen sich im Wochenstundenplan ein in denjenigen Lektionen, in denen sie SuS aus anderen Klassen aufnehmen können.
- Der fertiggestellte Stundenplan wird an alle Lehrpersonen verteilt.

In akuten Situationen

Abgebende Lehrperson:

- Anruf intern an zur Verfügung stehende Lehrperson
- Ausfüllen Laufzettel: Zeit Weggang/Auftrag für SuS
- Eintrag im L-Office

Annehmende Lehrperson:

- Annahme Laufzettel, Zeit Ankunft notieren
- SuS platzieren und beaufsichtigen
- Laufzettel zurück an abgebende Lehrperson

Bemerkungen

Die Auszeit ist nicht dafür gedacht, SuS bereits im Vorfeld der Lektionen oder für längere Zeit umzuplatzieren. Dies geschieht nur in Absprache mit der Schulleitung.

Datum

Vorname Name
Schulleiter

Kurzfristige Auszeiten – Laufzettel

Schüler/in: ______________________________

Klasse: ______________________________

Abgebende LP: ______________________________

Abnehmende LP: ______________________________

Datum: ______________________________

Weggangszeit abgebende LP: ______________________________

Ankunftszeit abnehmende LP: ______________________________

Arbeitsauftrag: ______________________________

____

Laufzettel nach der Auszeit zurück an abgebende Lehrerin/abgebenden Lehrer

Eintrag im Schüler-Dossier durch abgebende Lehrerin/abgebenden Lehrer: »Kurzfristige Auszeit wegen ...«

Glossar: FZ = Förderzentrum, KLP = Klassenlehrperson, FLP = Fachlehrperson, SuS = Schülerinnen und Schüler, SL = Schulleitung

Längerfristige Auszeiten im Förderzentrum – Grundsätze und Regelungen

Grundsätze

- Für Schülerinnen und Schüler, welche aus disziplinarischen oder anderen Gründen in der Klasse nicht geschult werden können, besteht die Möglichkeit, im FZ eine längerfristige Auszeit zu verbringen.
- Diese Maßnahme wird eingesetzt, wenn vorgängige Versuche für eine Verbesserung fehlgeschlagen sind.
- Die längerfristige Auszeit erfolgt in Absprache mit der SL und der Leitung FZ.
- Sollten gleichzeitig mehrere Auszeiten eingerichtet werden müssen, ist zu prüfen, ob ein spezielles Setting außerhalb des FZ erstellt werden muss, damit keine ungünstigen Konstellationen im gleichen Raum entstehen.
- Kurzfristige Auszeiten, welche ebenfalls möglich sind, erfolgen in direkter Absprache zwischen LP und FZ.

Ziele

- Die Klassen und die Lehrpersonen erhalten eine Beruhigung und Entlastung.
- Die Schülerinnen und Schüler, welche eine solche Maßnahme erfahren, haben die Möglichkeit, sich in einem ruhigen Setting zu fangen.
- Alle Schülerinnen und Schüler erfahren, dass ihr Verhalten Konsequenzen hat.

Ablauf und Zuständigkeiten

- Beschluss durch KLP in Absprache mit SL und Leitung FZ.
- Die Präsenzzeit der SuS entspricht ihrem Stundenplan.
- Die SuS erhalten einen sogenannten Laufzettel, den sie wie das Kontaktheft immer bei sich tragen müssen. Auf diesem Laufzettel sind die individuellen Anordnungen aufgeführt; ebenso können die Aufsichtspersonen Informationen anfügen.
- Schulische Aufträge werden durch die Lehrpersonen (KLP und FLP) der SuS bereitgestellt, in der Auftragsliste eingetragen und im Postfach FZ deponiert. Bei kurzfristigen Auszeiten werden die Aufträge von den LP den SuS direkt mitgegeben.

- Damit von Anbeginn der Auszeit Aufträge vorhanden sind und alle notwendigen Absprachen getroffen werden können, verfügt die SL nach Bedarf eine Suspendierung von ein bis drei Tagen.
- Das schulische Material ermöglicht selbstständiges Arbeiten der SuS ohne Betreuungsaufwand durch das Förderzentrum.
- Die gemäß Belegungsplan für die Beaufsichtigung zuständige Person gibt die Aufträge an die SuS ab.
- Die SuS arbeiten selbstständig und sind dafür verantwortlich, dass die Aufgaben in der geforderten Zeit erledigt sind. Bei Bedarf werden die Aufträge als Hausaufgaben zu Hause fertig gestellt.
- Die Aufsichtspersonen im FZ sind nicht dafür verantwortlich, dass die SuS ihre Aufgaben im geforderten Zeitrahmen erfüllen. Die SuS können sie jedoch bei schulischen Fragen oder Schwierigkeiten in Anspruch nehmen.
- Der Rücklauf der gelösten Aufgaben erfolgt auf dem gleichen Weg: SuS ⟶ Betreuungsperson FZ ⟶ Postfach zuständige LP.
- Bei Nichteinhaltung der schulischen Aufträge werden weitere Maßnahmen geprüft.

Glossar: FZ = Förderzentrum, KLP = Klassenlehrperson, FLP = Fachlehrperson, SuS = Schülerinnen und Schüler, SL = Schulleitung

Längerfristige Auszeiten – Matrix

Aufgabe	Kompetenzen	Verantwortlich/Zeit
Beschluss Time-out	KLP in Absprache mit SL und Leitung FZ	KLP
Festlegung Ansprechperson FZ, Information	Ltg. FZ	Ltg. FZ
Festlegung Rhythmus Standortbestimmungen	KLP	KLP
Erstellen Laufzettel, abgelegt als … unter …		SL
Information FLP, Kopie an FZ		KLP
Information Eltern und SuS		SL
Stundenplan SuS an FZ		KLP
Belegungsplan FZ inkl. Bekanntgabe »Ansprechperson« an alle LP		FZ
Abgabe der schulischen Aufgaben an FZ mit Terminangabe für Rückgabe		KLP und FLP des SuS bis einen Tag vor Beginn Auszeit; anschließend fortlaufend einen Tag vor Abgabetermin vorhergehender Auftrag
Rückgabe erfüllter Aufträge an LP		Am Ende des Halbtages die für die Beaufsichtigung zuständige Person FZ
Verantwortlich für Erfüllung der schulischen Aufgaben		SuS
Disziplinarmaßnahmen bei Nichteinhaltung der schulischen Aufträge	KLP oder SL nach Absprache	KLP oder SL nach Absprache
Standortbestimmung bezüglich Verlauf		KLP in Absprache mit SL

Datum Vorname Name Schulleiter/in

Längerfristige Auszeiten – Laufzettel

Name Schüler/in: ____________________________

Klassenlehrer/in: ____________________________

Fachlehrpersonen: ____________________________

Auszeit ab: ____________________________

Auszeit bis (wenn festgelegt): ____________________________

Standortbestimmungen: ____________________________

____

____

Ansprechperson FZ/SL: ____________________________

Besondere Anordnungen:

____

____

____

____

____

____

____

Beilagen:

- ☐ Besondere Anordnungen
- ☐ Auftragsliste
- ☐ Weitere: ____________________________

Datum Vorname Name Schulleiter/in

Auszeit längerfristig
Auftragsliste/Notizen
Name Schüler/in: ____________________________

Datum	LP	Fach	Auftrag	Zu erledigen bis	Bemerkungen

Modell nach Riemann-Thomann

Unterstreiche spontan *die 20 Adjektive*, die am besten zu dir passen.

genau zuverlässig gewissenhaft planend strukturiert ordentlich	selbstbewusst selbstständig distanziert bestimmt zielstrebig entscheidungsfreudig	autoritär gefühlsarm dominant narzistisch starr dickköpfig	spontan neugierig kreativ risikobereit abenteuerlustig erlebnishungrig
pingelig kleinkariert berechnend eng konservativ dogmatisch	kontaktfreudig hilfsbereit warmherzig kooperativ gerecht anspruchslos	anhänglich symbiotisch unselbstständig unentschieden sentimental gehemmt	wechselhaft flippig chaotisch unzuverlässig ungenau sprunghaft

Quelle: mündlich mitgeteilt von Ursula Badertscher (2003)

Teamkultur zu Riemann-Thomann

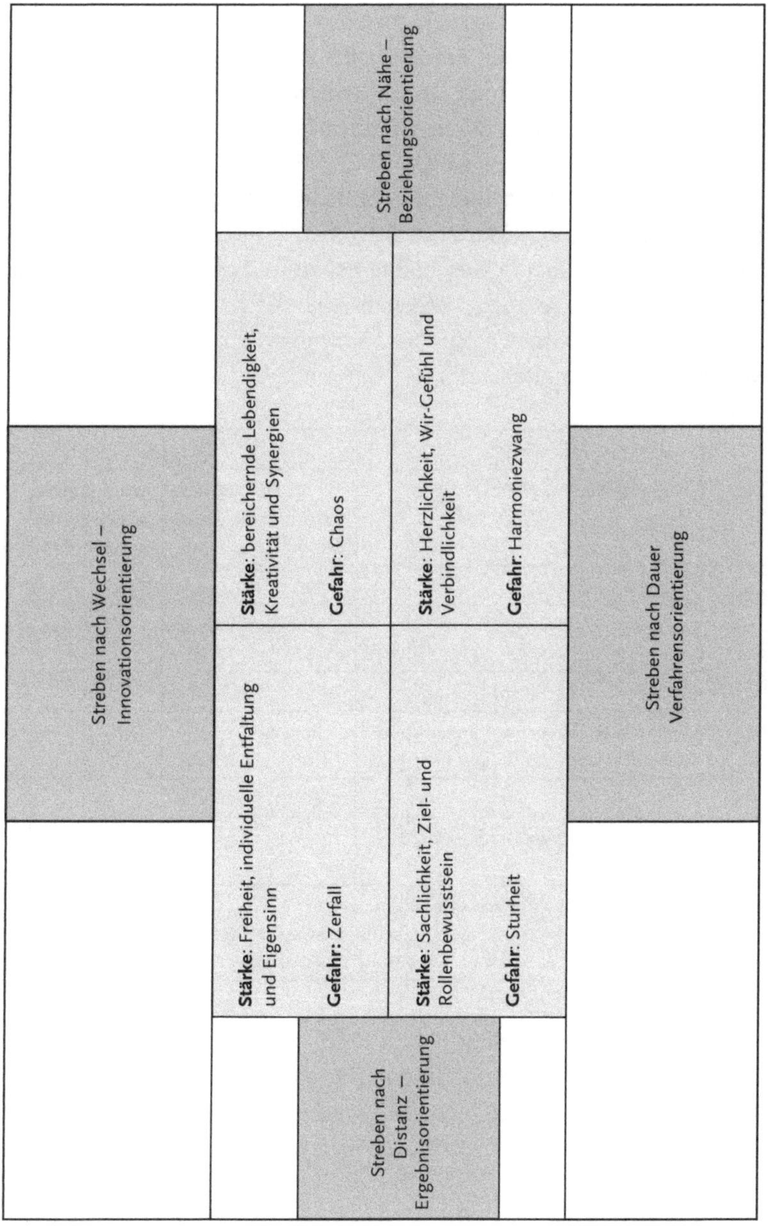

Nach Schley 1998

Verschiedene Intervisionsmodelle in der Übersicht

Modell nach Samuel Kräuchi

(Für die hier vorgestellten Modelle gilt: Sie wurden 2002 mündlich mitgeteilt von Klaus Antons und Kurt Kolvenbach und sind erweitert durch Modelle von Christoph Lauterburg und Friedemann Schulz von Thun.)

Die Leitung schafft die Rahmenbedingungen (was, was nicht; Zeit: wann genug; etc.); klärt, was Fallgeber/in (eventuell Gruppe) will. Eignet sich für Fälle, die Geschichte haben und in denen noch etwas passieren soll. Siehe auch Vorgehen nach Michael Balint. Achtung: 2. Feedback kann Chance sein zum Nachdoppeln, kann aber auch zu Rechtfertigung verleiten.

	Fallgeber/in	Gruppe
1.	... schildert Fall und Zusammenhänge	... hört zu, jede/r schreibt auf, was »ankommt«, auffällt, nicht verstanden wird, Fantasien zum Gehörten
2.		... stellt Verständnisfragen
3.		... gibt Feedback (z.B. mir fällt auf, dass ...)
4.	... hört zu und schreibt sich auf	
5.	... sagt ,was bei ihr/ihm ankam und was sie/er damit anfangen kann	... hört zu
6.		... gibt 2. Feedback
7.	... hört zu, sagt, was es für sie/ihn bedeutet	
8.	gemeinsames Erarbeiten von Maßnahmen ... Leitung schreibt eventuell auf ... eventuell Rollenspiel	

Differenzierte Methode

Leitung: Schafft Rahmenbedingungen (was, was nicht; Zeit: wann genug etc.); klärt, was Fallgeber/in (eventuell Gruppe) will. Eignet sich für Fälle, für die Lösungsvorschläge gesucht werden!

	Fallgeber/in	Gruppe
1.	... schildert Fall	... hört zu
2.		... stellt Verständnisfragen
3.	... beantwortet Fragen	
4.		... äußert Fantasien, Vermutungen
5.	... hört zu, sagt, was wie ankommt	
6.		... macht Lösungsvorschläge; Moderator/Leitung hält sie auf Flipchart fest
7.	... »bewertet« Lösungen und entscheidet sich für 2 bis 3 »lösungsträchtige« Vorschläge	
8.	gemeinsames Erarbeiten einer Vorgehensstrategie	
9.	eventuell Rollenspiel	

Identifikationsmodell nach Kurt Kolvenbach

	Zeit	Fallgeber/in	Gruppe
1.	5‘	Kurzbericht	... hört zu (Fallgeber/in wird nicht unterbrochen)
2.	15–20‘		... stellt Verständnisfragen (keine Suggestivfragen, keine Ratschläge, keine Lösungsvorschläge)
3.		... beantwortet Verständnisfragen	
4.	55–60‘		Identifikation mit Fallgeber/in: Ich bin jetzt XY, ich fühle ...
5.			Nachfragen bei FG: Wie ist das angekommen?
6.		... nimmt Stellung	
7.		... benennt (verschiedene) Konfliktpartner/innen	
8.			Identifikation mit den verschiedenen Konfliktpartnern
9.			Nachfragen: Ist etwas deutlicher geworden?
10.	10‘	Hypothetisches Résumé von Gruppe und Fallgeber/in	

Praxiswerkstatt – nach Herbert Gudjons

	Fallgeber/in	Gruppe
1.	... schildert Fall (spontan, unstrukturiert, assoziativ, ohne Unterbrechung)	
2.		... hört zu: • Was erzählt sie/er? • Was nehme ich wahr? • Was empfinde ich? • Was fantasiere ich?
3.		Blitzlicht (was hat der Fall in mir ausgelöst, wie fühle ich mich jetzt?) Achtung: keine Rück- oder Detektivfragen, keine Ratschläge
4.	... berichtet kurz, welche Äußerungen für sie/ihn wichtig, neu, überraschend usw. sind, was zu denken gibt, wo etwas anklingt	
5.		äußere Beobachtung: Was ist mir am Fall und an Fallgeber/in aufgefallen? Ansprechen der Wahrnehmungen aus 1. Phase (Erzählstil, Klarheit, Ruhe, Emotionalität, Widersprüche, Auslassungen usw.) Achtung: nicht bewerten oder deuten, nur beobachten, nicht urteilen!
6.		innere Wahrnehmung: ... machen Rückmeldungen zur eigenen emotionalen Betroffenheit (Fantasien, Bilder, Identifikation mit beteiligten Personen) Achtung: Fallgeber/in muss offen sein für Rückmeldungen, festhalten, was für sie/ihn wichtig ist, zuhören, nicht rechtfertigen, verteidigen oder entschuldigen
7.	Durcharbeiten – Vertiefung von Einzelaspekten (Rückfragen, vertiefte Selbstexploration, Rollenspiel; institutionelle, gesellschaftliche, politische Zusammenhänge; theorieorientierte Deutung, diagnostische Schlüsse sind möglich). Wichtig: methodische und zeitliche Flexibilität.	

8.		Lösungsmöglichkeiten (Ideensammlung, Verhaltenvorschläge, Handlungsalternativen); Lösungen zur Bewältigung des persönlichen Anteils bieten; strategische Ebene, theoriegeleitete Einsichten
9.	Was jetzt beim Fallgeber/in hängen bleibt	Was bei den Gruppenmitgliedern an Lernzuwachs dazugekommen ist

Dank

Über Erziehung schreiben heißt, beinahe über alles auf einmal schreiben.

Jean Paul

Wir danken herzlich

- Dr. Oliver König, der uns mit seinem Fachwissen und seinem wachen Interesse am Projekt unterstützt hat;
- Matthias Ohler, Dr. Ralf Holtzmann vom Carl-Auer Verlag und auch Uli Wetz für das Interesse an diesem Thema und für ihre Begleitung während unserer Arbeit;
- Rita Milesi, Carola Höntzsch, Dr. Klaus Antons und Frank Stähler für die sorgfältige Durchsicht unserer Manuskripte;
- Marianne Ambühl und Walter Ehrensperger, welche unsere Texte aus der Lehrerperspektive kritisch gelesen haben;
- Dr. Fridolin Kurmann für seine Hilfe in vielen Belangen.

Literatur

Antons, K., H. Ehrensperger u. R. Milesi (2019): Praxis der Gruppendynamik. Übungen und Modelle. Göttingen (Hogrefe), 10., vollst. überarb. Aufl.

Bauer, J. (2008): Lob der Schule. Sieben Perspektiven für Schüler, Lehrer und Eltern. München (Heyne).

Belbin, R. M. (1981): Management teams. Why they succeed or fail. London (Taylor & Francis).

De Shazer, S. (1984): The death of resistance. *Family Process* 23 (1): 11–21.

Doppler, K. u. C. Lauterburg (2008): Change-Management. Den Unternehmenswandel gestalten. Frankfurt a. M. (Campus).

Fengler, J. (1981): Der sog. Außenseiter: Drei theoretische Positionen. *Gruppendynamik* 12 (2): 105–117.

Glasl, F. (1999): Konfliktmanagement. Ein Handbuch für Führungskräfte, Beraterinnen und Berater. Bern (Haupt)/Stuttgart (Freies Geistesleben).

Heintel, P. (1974): Bedeutung und Unterdrückung sozialer Interaktionen in der Schule. In: G. Schwarz (Hrsg.): Gruppendynamik für die Schule. Beiträge zu einer Sozialpsychologie der Institution Schule. Wien/München (Jugend und Volk), S. 107–130.

Helmke, A. (2017): Unterrichtsqualität und Lehrerprofessionalität. Diagnose, Evaluation und Verbesserung des Unterrichts. Seelze-Velber (Klett Kallmeyer).

Huber, A. A. (2003): Möglichkeiten des konstruktiven Umgangs mit Widerstand in erwachsenendidaktischen Veranstaltungen. *Gruppendynamik* 34 (2): 133–145.

Hüther, G. (2015): Die Macht der inneren Bilder. Wie Visionen das Gehirn, den Menschen und die Welt verändern. Göttingen (Vandenhoeck & Ruprecht).

Jahnke, J. (1982): Sozialpsychologie der Schule. Opladen (Leske & Budrich).

König, O. u. K. Schattenhofer (2015): Einführung in die Gruppendynamik. Heidelberg (Carl-Auer), 10. Aufl. 2020.

Langmaack, B. u. M. Braune-Krickau (2000): Wie die Gruppe laufen lernt. Anregungen zum Planen und Leiten von Gruppen. Ein praktisches Lehrbuch. Weinheim (Beltz).

Lemme, M. u. B. Körner (2016): »Neue Autorität« in der Schule. Heidelberg (Carl-Auer), 4. Aufl. 2019.

Lippmann, E. (2013): Intervision. Kollegiales Coaching professionell gestalten. Berlin/Heidelberg (Springer).

Milesi, R. (2015): Interventionen in Kursgruppen. Ein Leitfaden für Ausbilderinnen und Ausbilder. Zürich (Migros-Genossenschafts-Bund, Koordinationsstelle der Klubschulen).

Omer, H. u. R. Haller (2019): Raus aus der Ohnmacht. Das Konzept Neue Autorität für die schulische Praxis. Göttingen (Vandenhoeck & Ruprecht).

Omer, H. u. A. von Schlippe (2010): Stärke statt Macht. Neue Autorität in Familie, Schule und Gemeinde. Göttingen (Vandenhoeck & Ruprecht).

Riemann, F. (1961): Grundformen der Angst. Eine tiefenpsychologische Studie. München (Reinhardt), 45. Aufl. 2019.

Rechtien, W. (2007): Angewandte Gruppendynamik. Ein Lehrbuch für Studierende und Praktiker. Weinheim (Beltz).

Rotering-Steinberg, S. (2003): Begegnungen mit Widerstand in Bildungsprozessen: Lernchancen und Sinnfindungen. *Gruppendynamik* 34 (2): 121–131.

Schley, W. (1998): Teamkooperation und Teamentwicklung in der Schule. In: H. Altrichter, W. Schley u. M. Schratz (Hrsg.): Handbuch zur Schulentwicklung. Innsbruck (Studien-Verlag), S. 111–159.

Schmidt, E. R. u. H. G. Berg (1995): Beraten mit Kontakt. Handbuch für Gemeinde- und Organisationsberatung. Offenbach (Burckhardthaus-Laetare).

Schulz von Thun, F. (2020): Das Riemann-Thomann-Modell. Verfügbar unter: https://www.schulz-von-thun.de/die-modelle/das-riemann-thomann-modell [22.02.2020].

Simon, F. B. (2018): Einführung in die Systemtheorie des Konflikts. Heidelberg (Carl-Auer), 4. Aufl.

Stahl, E. (2017): Dynamik in Gruppen. Handbuch der Gruppenleitung. Weinheim (Beltz).

Tuckman, B. W. (1965): Developmental Sequence in Small Groups. Psychological Bulletin, 63 (6), 384-399. http://doi.or/10.1037/h0022100.

Ulich, D. (1977): Gruppendynamik in der Schulklasse. Möglichkeiten und Grenzen sozialwissenschaftlicher Analysen. München (Ehrenwirth).

Ulich, K. (2001): Einführung in die Sozialpsychologie der Schule. Weinheim (Beltz).

Urner, M. (2019): Schluss mit dem täglichen Weltuntergang. Wie wir uns gegen die digitale Vermüllung unserer Gehirne wehren. München (Droemer).

van Rijn, K. J. M. (1987): Der Umgang mit Widerstand in der Trainingsarbeit. Eine andere Perspektive. *Gruppendynamik* 18 (1): 47–60.

Voigt, B. u. K. Antons (1987): Systematische Anmerkungen zur Intervention in Gruppen. *Gruppendynamik* 18 (1): 29–46.

Weigand, W. (2009): Die Gruppe als Resonanzraum und Mittel zur Beratung. In: C. Edding u. K. Schattenhofer (Hrsg.): Handbuch – Alles über Gruppen. Theorie, Anwendung, Praxis. Weinheim (Beltz), S. 209–257.

Weiterführende Literatur

Edding, C. u. K. Schattenhofer (Hrsg.) (2009): Handbuch. Alles über Gruppen. Theorie, Anwendung, Praxis. Weinheim (Beltz).

Largo, R. u. M. Beglinger (2009): Schülerjahre. Wie Kinder besser lernen. München (Piper).

Lohmann, G. (2011): Mit Schülern klarkommen. Professioneller Umgang mit Unterrichtstörungen und Disziplinkonflikten. Berlin (Cornelsen).

Philipp, E. (2006): Teamentwicklung in der Schule. Konzepte und Methoden. Weinheim (Beltz).

Philipp, E. (2014): Multiprofessionelle Teamentwicklung. Erfolgsfaktoren für die Zusammenarbeit in der Schule. Weinheim (Beltz).

Rechtien, W. (2007): Angewandte Gruppendynamik. Ein Lehrbuch für Studierende und Praktiker. Weinheim (Beltz).

Werthmüller, H. et al. (2001): Aussenseiter integrieren. Wie Gruppen mit Aussenseitern anders umgehen können. 101 Ideen zur Integration von Aussenseitern und Fremden. Für Gruppen und Klassen jeden Alters. (SITZT-Impulse Nr. 2.) Meilen (Eigenverlag SITZT = Schweizerisches Institut für Themenzentriertes Theater).

Werthmüller, H. et al. (o. J.): ... und Tschüss. Für alle Stufen. 101 Ideen zur beherzten Gestaltung von Abschiedssituationen. (SITZT-Impulse Nr. 4.) Meilen (Eigenverlag SITZT = Schweizerisches Institut für Themenzentriertes Theater).

Über die Autoren

© Peter Bachmann, Bern (CH)

Heidi Ehrensperger, Trainerin für Gruppendynamik (DGGO), Lehrerin, dipl. Erwachsenenbildnerin (Master in Adult and Professional Education). Coach, Supervisorin und Organisationsberaterin bso. Selbstständige Seminarleiterin und Dozentin. Langjährige Praxis als Lehrerin, Rektorin und Ausbilderin von angehenden Lehrpersonen. Beraterin von Schulleitungen. Schwerpunkte in der Ausbildung und Beratung für Gruppen und Einzelpersonen: Gruppendynamik, Train-the-Trainer, Methodik/Didaktik. Vielfältige Erfahrungen mit Diversity.

Kontakt: *www.heidi-ehrensperger.ch*

© Pesche Schudel, Uettligen (CH)

Peter Stierli, Organisationsberater und Coach bso, Lehrer, Schulleiter. MAS Change und Organisationsdynamik, Gruppendynamischer Leiter und Berater, CAS Führen in Non-Profit-Organisationen. Zusatzausbildungen in Konfliktmanagement, Beratung bei sexueller und sexistischer Belästigung sowie Mobbing am Arbeitsplatz, interkulturelle Zusammenarbeit und Integration, pädagogischer Qualitätsentwicklung, Gewaltprävention. Langjährige Praxis als Lehrer, Schulleiter, Ausbilder von angehenden Lehrpersonen, Berater von Lehrpersonen und Schulleitern, Dozent für Führungsthemen, Amtsleiter.

Kontakt: *www.peter-stierli.ch*